500만 독자가 선택한

가장 쉬운
독학 일본어 첫걸음
14,000원

가장 쉬운
독학 중국어 첫걸음
14,000원

가장 쉬운
프랑스어 첫걸음의 모든 것
17,000원

가장 쉬운
독일어 첫걸음의 모든 것
18,000원

가장 쉬운
스페인어 첫걸음의 모든 것
14,500원

버전업! 가장 쉬운
베트남어 첫걸음
16,000원

버전업! 가장 쉬운
태국어 첫걸음
16,800원

가장 쉬운
러시아어 첫걸음의 모든 것
16,000원

가장 쉬운
이탈리아어 첫걸음의 모든 것
17,500원

STEP 3

[뉴] New 뱅크일본어

박순애
오카 도시미츠
고미네 리나

동양books

[뉴] New
뱅크일본어 STEP 3

초판 1쇄 | 2009년 4월 25일
개정판 2쇄 | 2017년 7월 15일

지은이 | 박순애, 오카 도시미츠, 고미네 리나
발행인 | 김태웅
편집장 | 강석기
편 집 | 신선정
디자인 | 방혜자, 이미영, 김효정, 서진희
마케팅총괄 | 나재승
마케팅 | 서재욱, 김귀찬, 이종민, 오승수, 조경현
온라인 마케팅 | 김철영, 양윤모
제 작 | 현대순
총 무 | 한경숙, 안서현, 최여진, 강아담
관 리 | 김훈희, 이국희, 김승훈, 이규재

발행처 | 동양북스
등 록 | 제 10-806호(1993년 4월 3일)
주 소 | 서울시 마포구 동교로22길 12 (04030)
전 화 | (02)337-1737
팩 스 | (02)334-6624

http://www.dongyangbooks.com

ISBN 978-89-8300-743-8
978-89-8300-740-7 14730 (세트 전6권)

머리말

현재 한국에는 목적별로 다양한 일본어 교재들이 출판되고 있고, 또 근래에 와서는 일본에서 만들어진 교재들도 많이 들어오고 있습니다. 옛날에 비하면, 교재 선택의 폭이 넓어졌고, 또 일본 유학을 다녀온 교사(강사)나 일본인 교사(강사)가 많아짐에 따라 자연스러운 일본어를 접할 기회도 많아졌다고 할 수 있습니다. 그러나 서점에 즐비한 일본어 교재들을 보면 다음과 같은 문제점들을 발견하게 됩니다.

1. 문법 학습 순서를 너무 중요시한 나머지 어색한 본문
2. 실생활과 동떨어진 예문
3. 현대 일본에서는 쓰이지 않는 표현 및 어휘
4. 잘못 해설된 문법
5. 한국인 학습자를 고려하지 않은 구성

또, 위의 문제들 말고도 초급에서 중급, 중급에서 고급으로 가는 학습자들이 필요로 하는 디딤돌 역할을 할 수 있는 교재가 없는 것도 문제점의 하나로 들 수 있습니다.
본 교재는 이와 같은 문제점들을 고려하여 초급 학습자의 회화 운용 능력과 어휘력 향상, 그리고 중급 학습자의 초급 문법의 약점 보강 및 총 복습을 하는 데 도움이 되도록 아래와 같은 사항에 주안점을 두고 편집하였습니다.

1. 현대 일본에서 일상적으로 쓰이는 자연스러운 일본어로 본문을 구성한다.
2. 실제 회화에서 어떻게 쓰이는가를 명확히 하기 위해, 한 과에서 하나의 문형을 다룬다.
   (필요에 따라 관련된 문형은 두 개 정도)
3. 흥미 있는 학습을 위해 다양한 그림을 넣는다.

많은 사람들이 어학 학습 자체에 대해서 처음에는 재미없을 것이라고 생각합니다. 어학 학습은 말하자면, 하나씩 단어를 암기하고, 문법을 암기하고, 관용구를 암기해야 하는 끝없는 암기 지옥인 것입니다.
어학 공부의 진정한 의미는 학습한 단어나 문법을 사용하여 미지의 세계의 문을 열었을 때입니다. 이제까지 몰랐던 다른 나라의 문자, 말, 사회, 문화 등을 알았을 때의 기쁨은 말로 다 표현할 수 없을 정도일 것입니다. 그러나 현실에서는 그 문을 열기도 전에 포기하는 사람이 너무나 많습니다. 또한, 그 책임은 일본어 교재에도 있을 것입니다. 그러한 책임감 아래, 이 New 뱅크 일본어회화 초급1은 학습자 여러분이 즐겁게 자연스러운 일본어를 공부할 수 있도록 만들었습니다.
따라서, 이 교재가 일본어를 통해 새로운 세계를 열어가고자 하는 여러분의 좋은 동반자가 될 수 있기를 진심으로 기원합니다.
끝으로 이 교재를 만드는 데 많은 도움을 주신 분들과 일본어뱅크 임직원 여러분들의 노고에 이 자리를 빌어 깊은 감사를 드립니다.

岡 俊光

Toshimitsu OKA

일러두기

01 이 교재의 학습목표는 첫째, 일본어의 기본 문형을 익히고 둘째, 반복되는 연습문제(회화 연습)를 통하여 많은 표현과 어휘를 학습하고 셋째, 일본어의 다양한 활용능력을 높이고자 하는 데 있습니다.

02 이 교재의 구성은 기본문형을 이용한 회화체 본문과 회화 표현, 문법 표현, 회화 연습, 잠깐만요 등의 다양한 항목으로 되어 있습니다.

03 각 과의 본문은 설정된 장면에 적합한 자연스러운 회화체 표현이 되도록 노력하였습니다.

04 회화 표현에는 일본어 표현의 우리말 뜻보다는 그 표현이 어떤 상황에서 어떻게 쓰이는가를 설명하는데 주안점을 두었습니다.

05 잠깐만요에서는 한자의 訓과 音을 제시하고 각각의 빈도수가 높은 어휘를 예로 들어 한자 학습에 도움이 되도록 했고, 하나 더!에는 일본의 생활 사정, 언어습관, 독특한 표현에 대해 짤막하게 실어 보았습니다.

06 회화 연습에서는 그 과에서 다루고 있는 기본 문형을 이용하여 실제 회화에서 바로 쓸 수 있는 예문을 중심으로 충분히 연습할 수 있도록 엮었습니다. 다소 생소한 단어들이 많이 나오겠지만, 꼭 알아두어야 할 기본 어휘이므로 본문의 낱말과 표현을 잘 이용하여 어휘력을 높이기 바랍니다.

07 이 책에 나오는 용어는 다음과 같습니다.

名 : 名詞(명사)	形 : 形容詞・イ形容詞
動 : 動詞(동사)	ナ形 : ナ形容詞
代名詞(대명사)	副詞(부사)
連体詞(연체사)	接続詞(접속사)
数詞(수사)	感動詞(감동사)
助詞(조사)	接頭語(접두어)
助動詞(조동사)	接尾語(접미어)

08 마지막으로 더 효과적인 학습을 위해 부록으로 수록한 기초 어휘와 표현을 네이티브 음성으로 녹음 했으니 적극적으로 활용하시기 바랍니다. 이상으로 이 교재를 학습하는 데 길잡이가 될 만한 내용을 간략하게 정리해 보았습니다.

부디 여러분의 일본어 회화 실력 향상에 도움이 되기 바라며, 아낌없는 질책과 조언을 부탁 드립니다.

朴舜愛

차례

Contents

C o n t e n t s

주인공들

高橋優子 (たかはしゆうこ)

다카하시 유코

21세

대학을 휴학하고 한국으로 어학연수 온 여성

金英洙 (キムヨンス)

김영수

22세

대학을 휴학하고 병역 복무 중인 남성

Unit 01 わたしは金英洙です。

～は ～です

회화 표현

はじめまして 처음 뵙겠습니다
사람을 처음 만났을 때 하는 인사말

どうぞよろしく 잘 부탁해요, 잘 부탁합니다
정중하게 말할 때는 どうぞよろしくお願いします라고 한다.

お願いします 부탁 드립니다
お(動—ます形)する형태의 겸양표현

失礼ですが 실례지만
상대방에 대하여 개인적인 질문을 꺼낼 때 쓰는 표현

Conversation

회화

高橋　はじめまして、わたしは高橋優子(たかはしゆうこ)と申(もう)します。どうぞよろしくお願(ねが)いします。

金　はじめまして、金英洙(キムヨンス)です。こちらこそ、どうぞよろしく。

高橋　失礼(しつれい)ですが、金さんは学生(がくせい)さんですか。

金　いいえ、わたしは学生じゃありません。

高橋　失礼しました。それでは、お勤(つと)めですね。

金　いえ…。

高橋　すみません。それじゃ…。

金　わたしは軍人(ぐんじん)です。

高橋　あっ、大変(たいへん)失礼しました。

낱말과 표현

申す 言う(말하다)의 겸양어 | **失礼** 실례 | **学生** 학생 | **お勤め** 직장, 근무 | **いえ** 아니, 아니오 (부정표현인 いいえ를 짧게 발음한 것) | **それじゃ** 그러면, 그렇다면(それでわ의 회화체 표현) | **軍人** 군인 | **あっ** 아, 앗(놀라거나 위험할 때 쓰는 감탄사) | **大変** 대단히, 매우

Point

문법 표현

01 주제의 지시

	현 재	과 거
긍 정	名1は 名2です	名1は 名2でした
부 정	名1は 名2じゃ(では) ありません	名1は 名2じゃ(では) ありませんでした
의 문	名1は 名2ですか	名1は 名2でしたか

02 名1は 名2です

名1에 대하여 설명하는 문형으로 '名1은/는 名2입니다'에 해당한다. は는 우리말 '은/는'에 해당하는 조사로, 이 때 발음은 [ha]가 아니라 [wa]로 읽는다.

わたしは田中(たなか)です。

わたしは学生です。

03 ～じゃ(では) ありません

～です의 부정표현으로 '～이/가 아닙니다'에 해당한다. 회화에서는 ～じゃありません으로 많이 쓰인다.

わたしは会社員(かいしゃいん)じゃありません。

わたしは学生ではありません。

04 ～ですか

～です의 의문표현으로 '～입니까?'에 해당한다. 일본어에서는 의문문이라 하더라도 대개의 경우, 의문부호(?)를 붙이지 않는다.

金(キム)さんは会社員ですか。

田中さんは学生ですか。

05 ～でした

～です의 과거표현으로 '～이었습니다'에 해당한다.

田中さんは会社員でした。

昨日(きのう)は５日(いつか)でした。

Drill

회화 연습

다음 질문에 ex 와 같이 답하세요.

ex 高橋さんは会社員(かいしゃいん)ですか。(学生)

→ いいえ、高橋さんは会社員ではありません。
学生です。

1 金さんは会社員ですか。(軍人(ぐんじん))

→

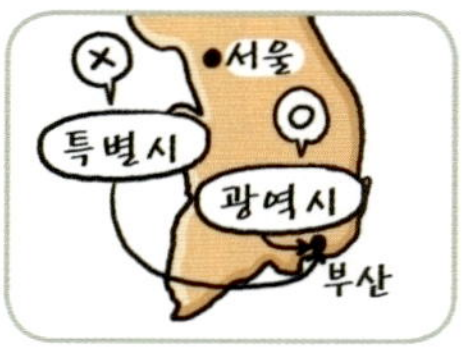

2 釜山(プサン)は特別市(とくべつし)ですか。(広域市(こういきし))

→

3 今日(きょう)は月曜日(げつようび)ですか。(火曜日(かようび))

→

낱말과 표현

会社員 회사원 | 特別市 특별시 | 今日 오늘 | 月曜日 월요일 | 火曜日 화요일

4 昨日は祝日でしたか。（平日）

→

5 先生は男の人でしたか。（女の人）

→

6 昨日は晴れでしたか。（雨）

→

7 一昨日は１４日でしたか。（15日）

→

낱말과 표현

昨日 어제(さくじつ라고도 읽음) | **祝日** 경축일, 국경일 | **平日** 평일 | **先生** 선생님 | **男の人** 남자, 남성 | **女の人** 여자, 여성 | **晴れ** 맑음, 갬 | **雨** 비 | **一昨日** 그저께(いっさくじつ라고도 읽음)

Unit 02 これは何ですか。

これ・それ・あれ・どれ・何

회화 표현

ああ 아―
상대방의 말에 대해 긍정하거나 납득이 갈 때 쓰는 표현이다.

ああ、そうですか 아, 그렇습니까?
상대방의 이야기가 납득이 갈 때 쓰는 표현이다.

へえ 헤, 아~, 흐~음
놀랐을 때나 의심쩍을 때 쓰는 표현이다.

じゃ 그럼(그러면)
それでは, それじゃ의 준말로, 이야기의 처음이나 끝에 쓰는 接続詞이다.

Conversation

회화

高橋　金(キム)さん、これは何(なん)ですか。

金　どれですか。

高橋　これです。

金　それはソルロンタンです。牛(うし)の骨(ほね)のスープです。

高橋　ああ、そうですか。じゃ、これは何(なん)ですか。

金　それはカルビタンです。牛(うし)のあばら肉(にく)のスープです。

高橋　へえ、あばら肉(にく)ですか。じゃ、あれは…。

金　あれは料理(りょうり)じゃありません。
あれは プルチョシム。火(ひ)の用心(ようじん)です。

낱말과 표현

これ 이것 | それ 그것 | あれ 저것, 그것 | どれ 어느 것 | 何 무엇 | ソルロンタン 설렁탕의 일본어 표기 | 牛の骨 소뼈 | スープ 스프, 국 ▶soup | カルビタン 갈비탕의 일본어 표기 | あばら肉 갈비뼈에 붙은 고기, 갈비 あばらぼね(갈비뼈) | 料理 요리, 음식 | プルチョシム 불조심의 일본어 표기 | 火の用心 불조심

Point

문법 표현

01 指示代名詞

	近 称	中 称	遠 称	不定称
事 物	これ (이것)	それ (그것)	あれ (저것)	どれ (어느 것)

① これ　이것

말하는 사람으로부터 가까운 거리에 있는 것을 가리킨다.

② それ　그것

말하는 사람으로부터 멀고 상대방에게 가까운 것을 가리킨다.

③ あれ　저것, 그것

말하는 사람과 상대방으로부터 먼 것, 또는 말하는 사람과 상대방이 공통으로 알고 있는 것을 가리킨다.

④ どれ　어느 것

확실하지 않은 것을 가리킨다.

02 名1の名2

の는 뒤에 오는 말의 내용이나 성질에 관하여 한정하는 格助詞로서, 우리말 '~의'에 해당한다.

わたしのかばん

日本の大学(だいがく)

03 何ですか

이름이나 내용, 정체를 모를 때 쓰는 표현으로, '무엇입니까?'라는 뜻이다.

これは何ですか。

Drill

회화 연습

다음 질문에 ex 와 같이 답하세요.

ex これは何ですか。(カメラ)

→ それはカメラです。

1 あれは何ですか。(63(ろくさん)ビル)

→

2 それは何ですか。(ノートパソコン)

→

3 それは何の本ですか。(日本の雑誌(ざっし))

→

낱말과 표현

カメラ 카메라 ▶camera | ビル 빌딩 ▶building | ノートパソコン 노트북 ▶notebook | 雑誌 잡지

4 それは何のシーディーですか。(音楽(おんがく)のシーディー)

→

5 ノートパソコンの説明書(せつめいしょ)はどれですか。(これ)

→

6 テレビの保証書(ほしょうしょ)はどれですか。(それ)

→

7 マンションの契約書(けいやくしょ)はどれですか。(あれ)

→

낱말과 표현

シーディー 씨디 ▶CD | 説明書 설명서 | テレビ 텔레비전 ▶television | 保証書 보증서 | マンション 맨션(우리나라의 아파트에 해당) ▶mansion | 契約書 계약서

Unit 03 この男の人は誰ですか。

この・その・あの・どの・誰

회화 표현

わあ 아아, 어머, 와
감탄하거나 놀랐을 때 쓰는 感動詞

何人家族ですか 가족이 몇 명입니까?, 몇 명 가족입니까?
何人은 '몇 명, 몇 사람'이라는 뜻으로 '가족이 몇 명입니까?, 몇 명 가족입니까?'라고 물을 때 쓰는 표현이다.

どなたですか 누구십니까?
どなたは だれ (누구)의 존경어로, 정중하게 물을 때 쓴다

彼氏 그 남자
代名詞이며, 여기에서는 '남자 친구'의 뜻으로 쓰였다. 한편 彼女도 '그 여자, 그녀'라는 뜻이지만, '여자 친구'라는 뜻으로도 쓰인다.

Conversation

회화

高橋　金さん、これがわたしの家族の写真です。

金　わあ、大家族ですね。何人家族ですか。

高橋　六人家族です。この写真はわたしの両親です。

金　この方はどなたですか。

高橋　その写真はわたしの妹です。

金　この写真はお兄さんのですか。

高橋　えっ、どの写真ですか。

金　この写真です。この男の人は誰ですか。

高橋　あっ、それはわたしの彼氏の写真です。

낱말과 표현

家族 가족, 식구 | 写真 사진 | 大家族 대가족 | 両親 양친, 부모 | どなた 誰(누구)의 존경어 | えっ 뭐? 그래?(놀라거나 의심이 갈 때 쓰는 말)

Point

문법 표현

01 指示詞

	近 称	中 称	遠 称	不定称
人•事物	この (이)	その (그)	あの (저)	どの (어느)

① この　이

말하는 사람으로부터 가까운 거리에 있는 것을 가리킨다.

この本(ほん)　　　　この方(かた)

② その　그

말하는 사람으로부터 떨어진, 상대방에 가까운 곳에 있는 것을 가리킨다.

その本　　　　そのノート

③ あの　저

말하는 사람과 상대방, 양쪽으로부터 먼 곳에 있는 것, 또는 말하는 사람과 상대방이 공통으로 알고 있는 것을 가리킨다.

あの本　　　　あの人(ひと)

④ どの　어느

불분명한 것, 여러 가지 있는 것 중에서 '어느 (것)' 이라는 뜻이다.

どの本　　　　どの人

この方 (이 분)	その方 (그 분)	あの方 (저 분)	どの方 (어느 분)
この人 (이 사람)	その人 (그 사람)	あの人 (저 사람)	どの人 (어느 사람)

02 ～が

格助詞로서 우리말 '～가/이'에 해당한다.

03 ～の

形式名詞의 하나로, '～의 것'에 해당한다.

この本はわたしのです。

その本は先生のです。

Point

문법 표현

04 숫자읽기

표기	一	二	三	四	五
읽기	いち	に	さん	し·よん·よ	ご
표기	六	七	八	九	十
읽기	ろく	しち·なな	はち	きゅう·く	じゅう

※ 한자 대신 아라비아 숫자로 표기하기도 한다.

05 사람 수 헤아리기

표기	一人	二人	三人	四人	五人
읽기	ひとり	ふたり	さんにん	よにん	ごにん
표기	六人	七人	八人	九人	十人
읽기	ろくにん	しちにん	はちにん	きゅうにん	じゅうにん

※ '몇 명'은 何人(なんにん)이라고 한다. 사람 수를 나타낼 때 ~人(にん) 대신 ~名(めい)를 쓰기도 한다.

※ 九人은 くにん이라고도 한다.

06 친족의 명칭과 호칭

자기 가족	상대 가족	가족끼리
わたしの父(ちち) (나의 아버지)	田中さんのお父(とう)さん(다나카 씨의 아버지)	お父さん
母(はは)	お母(かあ)さん	お母さん
兄(あに)	お兄(にい)さん	お兄さん
姉(あね)	お姉(ねえ)さん	お姉さん
弟(おとうと)	弟(おとうと)さん	이름
妹(いもうと)	妹(いもうと)さん	이름

※ 일본어에서는 자기 쪽은 낮추어 말하고, 상대 쪽에 대해서는 높여 말하는 것이 기본적인 존칭법이다.

Drill

회화 연습

다음 질문에 ex 와 같이 답하세요.

ex 山田(やまだ)さんはどの方ですか。(あの)

→ 山田さんはあの方です。

1 日本語の先生(せんせい)はどの方ですか。 (あの)

→

2 ソウル商事(しょうじ)の課長(かちょう)はどの方ですか。(その)

→

3 あの人は誰ですか。(わたしの弟)

→

4 あの方はどなたですか。(ソウル商事の社長(しゃちょう))

→

5 日本語の先生はどなたですか。(田中(たなか)さん)

→

다음 빈칸을 채우세요.

わたしの	父(ちち)	(①)	祖父(そふ)	(②)	(伯)叔父(おじ)	(③)	甥(おい)	(④)	従兄弟(いとこ)	(⑤)	兄(あに)
田中さんの	(⑥)	お母(かあ)さん	(⑦)	お祖母(ばあ)さん	(⑧)	(伯)叔母(おば)さん	(⑨)	姪御(めいご)さん	(⑩)	お従兄弟(いとこ)さん	(⑪)
わたしの	(⑫)	弟(おとうと)	(⑬)	息子(むすこ)	(⑭)	孫(まご)	(⑮)	/	/	妻(つま)・家内(かない)	/
田中さんの	お姉(ねえ)さん	(⑯)	妹(いもうと)さん	(⑰)	娘(むすめ)さん	(⑱)	お嫁(よめ)さん	/	/	(⑲)	/

낱말과 표현

ソウル商事 서울상사 | **課長** 과장 | **社長** 사장 | **祖母** 할머니, 조모 | **祖父** 할아버지, 조부 | **叔父** 아저씨, 백부 · 숙부 · 외숙부 · 고모부 · 이모부의 총칭 | **叔母** 아주머니, 백모 · 숙모 · 외숙모 · 고모 · 이모의 총칭 | **甥** 조카(남자) | **姪** 조카(여자) | **従兄弟** 사촌형제 | **息子** 아들 • **娘** 딸 | **孫** 손자, 손녀 | **嫁** 며느리 | **妻** 처, 아내 | **家内** 처, 아내

Unit 04

本当に難しいですね。

形容詞

회화 표현

いかがですか 어떻습니까?

상대의 상태나 희망을 물어 보는 표현이다.

・ 勉強はいかがですか。 공부는 잘 되어 갑니까?

・ もう少しいかがですか。 조금 더 드시겠습니까?

～よ

명령이나 권유, 판단, 단념 등의 뜻을 가진 **終助詞**이다.

文法も発音も全部難しいです

문법도 발음도 전부 어렵습니다

名1も名2も~です는 '양쪽 다 ~하다'의 뜻으로 강조하는 표현이다.

それはよかったですね

그것 참 다행이군요, 그것 참 잘 됐군요

상대방의 말을 듣고 다행이라고 생각할 때 쓰는 표현이다.

Conversation

회화

金　高橋さん、韓国語(かんこくご)の勉強(べんきょう)はいかがですか。

高橋　金さん、韓国語は本当(ほんとう)に難(むずか)しいですね。

金　そうですか。日本語はあまり難しくありませんでしたよ。

高橋　金さんは頭(あたま)がいいですから…、わたしはあまり頭がよくありません。

金　でも文法(ぶんぽう)はやさしいでしょう。

高橋　いいえ、文法も発音(はつおん)も全部(ぜんぶ)難しいです。

金　それじゃ、授業(じゅぎょう)もつまらないでしょう。

高橋　いいえ、授業はとても楽(たの)しいです。
先生が面白(おもしろ)いですから。

金　それはよかったですね。

낱말과 표현

韓国語 한국어 | 勉強 공부 | 本当に 정말로 | 難しい 어렵다, 곤란하다 | あまり 그다지, 별로 | 頭 머리 | いい 좋다 = よい | ~から ~(하)니까(원인, 이유를 나타내는 助詞) | でも 그렇지만, 그래도(それでも의 준말) | 文法 문법 | やさしい 쉽다 | 発音 발음 | 全部 전부, 다 | 授業 수업 | つまらない 재미없다, 하찮다 | とても 매우, 대단히 | 楽しい 즐겁다 | 面白い 재미있다, 우습다 | よかった よい(좋다)의 과거형

Point

문법 표현

01 形容詞

	現 在	過 去
肯 定	形 ～ いです	形 ～ かったです
否 定	形 ～ く ありません	形 ～ く ありませんでした

① 形 ～ いです

일본어의 形容詞는 기본형이 ～い로 끝나며 ～です는 정중형이다.

寒(さむ)い。　　→ 寒いです。

大(おお)きい。　　→ 大きいです。

② 形 ～ かったです

形 ～ いです의 과거형

寒いです。　　→ 寒かったです。

大きいです。　→ 大きかったです。

③ 形 ～ く ありません

形 ～ いです의 부정형

寒いです。　　→ 寒くありません。

大きいです。　→ 大きくありません。

④ 形 ~く ありませんでした

形 ~いです의 과거부정형

寒くありません。 → 寒くありませんでした。

大きくありません。 → 大きくありませんでした。

02 ~でしょう

~です의 추측을 나타내는 표현으로 '~하지요?, ~겠지요?'의 뜻이다.

日本語の文法はやさしいでしょう。

昨日(きのう)は寒かったでしょう。

Drill

회화 연습

● 다음 질문에 ex 와 같이 답하세요.

ex 日本語は難しいですか。(やさしい)

→ いいえ、難しくありません。やさしいです。

1 この本(ほん)は面白いですか。(つまらない)

→

2 済州道(チェジュド)の冬(ふゆ)は寒(さむ)いですか。 (暖(あたた)かい)

→

3 ウサギの目(め)は黒(くろ)いですか。(赤(あか)い)

→

낱말과 표현

やさしい 쉽다, 친절하다, 상냥하다 | 冬 겨울 | 寒い 춥다 | 暖かい 따뜻하다, 포근하다 | ウサギ 토끼 | 目 눈 | 黒い 검다, 까맣다 | 赤い 빨갛다

4 昨日は涼しかったですか。(暑い)

→

5 朝ごはんはおいしかったですか。(まずい)

→

6 旅行はどうでしたか。(楽しい)

→

7 ホテルはどうでしたか。(広い)

→

낱말과 표현

涼しい 시원하다 | 暑い 덥다 | 朝ごはん 아침(식사) | おいしい 맛있다 | まずい 맛없다, 서투르다 | 旅行 여행 | どう 어떻게 | ホテル 호텔 ▶hotel | 広い 넓다

Unit 05

部屋はきれいですか。

ナ形容詞

회화 표현

それに大家さんも親切です 게다가 집주인도 친절합니다

それに～も～です는 '게다가 ~도 ~합니다'라는 뜻으로, 앞 문장에 나온 내용에 덧붙여서 할 말이 있을 때 쓰는 표현이다.

そんなに高くありません 그렇게 비싸지 않습니다

보통 そんなに～否定형으로 쓰이며, そんなに～ですか(肯定의문)로 쓰일 경우에는 '그렇게나 ~합니까?'라는 뜻이다.

そうですね 그렇군요

끝을 짧게 발음하면 '그렇군요'라는 뜻이고, 끝을 길게 끌면 '글쎄요'라는 뜻이다. 이와 같이 억양에 따라 뜻이 달라지므로 구별하여 사용해야 한다.

お願いします

원래 '부탁합니다'의 뜻인데, そこにお願いします와 같이 명령하거나 의뢰할 때 뒤에 오는 구체적인 말 대신 자주 쓰는 표현이다.

Conversation

회화

(不動産屋：40歳ぐらい・男性)

高橋　部屋はきれいですか。

不動産屋　ええ、とてもきれいですよ。

高橋　夜は安全ですか。

不動産屋　一階が大家さんの家ですから安全ですよ。

高橋　交通の便はどうですか。

不動産屋　地下鉄もバス停も近いですから便利ですよ。
それに大家さんも親切です。

高橋　そうですか。

不動産屋　いかがですか、お客さん。家賃もそんなに高くありませんよ。

高橋　そうですね。じゃ、お願いします。

낱말과 표현

部屋 방 | きれいだ 깨끗하다, 예쁘다 | 夜 밤, 저녁 | 安全だ 안전하다 | 大家 집주인 | 家 집 | 交通の便 교통편 | 地下鉄 지하철 | バス停 バス停留所ていりゅうじょ(버스 정류소)의 준말 | 便利だ 편리하다 | 近い 가깝다 | 親切だ 친절하다 | お客 손님 | 家賃 집세 | そんなに 그렇게, 그토록 | 高い 비싸다 ↔ 安やすい(싸다)

Point

문법 표현

01 ナ形容詞

	現 在	過 去
肯 定	ナ形 ～ です	ナ形 ～ でした
否 定	ナ形 ～ では/ じゃ ありません	ナ形 ～ では/ じゃ ありませんでした

① ナ形 ～ です

일본어에는 ナ形容詞(形容動詞라고도 함)라는 品詞가 있는데 기본형은 ～だ의 형태를 취하며, ～です가 정중한 표현이다.

きれいだ。 → きれいです。

安全(あんぜん)だ。 → 安全です。

② ナ形 ～ では ありません

ナ形 ～ です의 부정형

便利(べんり)です。 → 便利ではありません。

親切(しんせつ)です。 → 親切ではありません。

③ ナ形 ～ でした

ナ形 ～ です의 과거형

きれいです。→ きれいでした。

安全です → 安全でした。

④ ナ形 ～ではありませんでした

ナ形 ～ですの 과거부정형

便利ではありません。 → 便利ではありませんでした。

親切ではありません。 → 親切ではありませんでした。

02 ～階

층수를 나타내는 助数詞로 우리말 '～층'에 해당한다.

표기	一階	二階	三階	四階	五階
읽기	いっかい	にかい	さんがい	よんかい	ごかい
표기	六階	七階	八階	九階	十階
읽기	ろっかい	ななかい	はっかい / はちかい	きゅうかい	じっかい / じゅっかい

※ '몇 층'은 何階(なんがい) 라고 한다.

Drill

회화 연습

다음 질문에 ex 와 같이 답하세요.

ex ホテルは静(しず)かですか。(うるさい)

→ いいえ、静かではありません。うるさいです。

1 伊藤(いとう)さんは真面目(まじめ)ですか。(不真面目(ふまじめ)だ)

→

2 バスは便利(べんり)ですか。(不便(ふべん)だ)

→

3 地下鉄はきれいですか。(汚(きたな)い)

→

낱말과 표현

静かだ 조용하다 | うるさい 시끄럽다, 번거롭다 | 真面目だ 착실하다, 성실하다 | 不真面目だ 불성실하다 | 便利だ 편리하다 | 不便だ 불편하다 | 汚い 더럽다, 야비하다

4 スキーは上手(じょうず)ですか。(下手(へた)だ)

→

5 日本語の試験(しけん)は簡単(かんたん)でしたか。(難しい)

→

6 ABC航空(こうくう)のスチュワーデスは親切でしたか。(不親切(ふしんせつ)だ)

→

7 慶州(キョンジュ)の町(まち)はにぎやかでしたか。(静(しず)かだ)

→

낱말과 표현

スキー 스키 ▶ski | 上手だ 능숙하다, 잘하다 | 下手だ 서투르다, 못하다 | 試験 시험 | 簡単だ 간단하다 | 難しい 어렵다, 까다롭다 | 航空 항공 | スチュワーデス 스튜어디스 ▶stewardess | 不親切だ 불친절하다 | 町 도회지, 거리 | にぎやかだ 번화하다, 활기차다

Unit 06

魚が新鮮でおいしかったです。

形容詞の接続・名詞修飾

회화 표현

~んですって ~라면서요?, ~다면서요?

~んですって는 다른 사람으로부터 전해들은 이야기를 본인에게 직접 확인할 때 쓰는 표현이다.

- 旅行だったんですって。 여행 다녀왔다면서요?

気持ちがいい 기분이 좋다

한편, いい気持ち(좋은 기분)는 가능하지만 悪い気持ち라고는 하지 않으므로 주의하기 바란다.

残念でしたね 안 됐군요, 유감이군요

상대방이 섭섭한 일을 당하거나 억울한 일을 당했을 때 쓰는 표현이다.

- 残念ですね。 ↔ いいですね。
- 残念でしたね。 ↔ よかったですね。

Conversation

회화

金　高橋さん、週末に釜山へ旅行だったんですって。

　　釜山はいかがでしたか。

高橋　そうですね。空気がきれいで気持ちがよかったです。

金　釜山の刺し身はどうでしたか。

高橋　魚がとても新鮮でおいしかったです。

金　ホテルは。

高橋　安いホテルでしたから、ちょっと汚くて狭かったです。

金　それは残念でしたね。

高橋　ええ、でも、とても楽しい旅行でした。

　　金さんの週末はいかがでしたか。

金　わたしはずっと家にいました。

낱말과 표현

週末 주말　**月末**げつまつ (월말)　**年末**ねんまつ (연말) | **旅行** 여행 | **空気** 공기 **空気がきれいだ・汚**きたな**い・悪**わる**い** (공기가 깨끗하다 · 더럽다 · 나쁘다) | **気持ち** 기분 | **刺し身** 생선회 | **魚** 생선, 물고기 | **おいしい** 맛있다 | **安い** 싸다 | **ちょっと** 조금, 좀, 잠깐 | **狭い** 좁다 | **残念だ** 유감스럽다, 아쉽다 | **ずっと** 줄곧, 계속, 훨씬 · **ずっと～する** (계속 ~하다) · **ずっと～している** (계속 ~하고 있다)

Point

문법 표현

01 [形]～い[名] / [ナ形]～な[名]

① 形容詞가 名詞를 수식할 때는 [形]～い형태를 취한다.

安(やす)い → 安いホテル

楽(たの)しい → 楽しい旅行(りょこう)

② ナ形容詞가 名詞를 수식할 때는 [ナ形]～な형태를 취한다.

便利(べんり)だ → 便利なところ

新鮮(しんせん)だ → 新鮮な魚(さかな)

02 形 ～くて / ナ形 ～で

① 形 ～くて형은 '~하고, ~해서'의 뜻이다.

汚(きたな)い・狭(せま)い　→ 汚くて狭い

安(やす)い・おいしい　→ 安くておいしい

② ナ形 ～で형은 '~하고, ~해서'의 뜻이다.

きれいだ　→ きれいで

新鮮(しんせん)だ　→ 新鮮で

	基本形	修飾形	～くて / で形
形容詞	安(やす)い いい / よい 狭(せま)い	安い いい / よい 狭い	安くて よくて 狭くて
ナ形容詞	便利(べんり)だ 新鮮(しんせん)だ 親切(しんせつ)だ	便利な 新鮮な 親切な	便利で 新鮮で 親切で

※ いい・よい(좋다)는 활용할 때 よい로 활용한다.

Drill

회화 연습

다음 질문에 ex와 같이 답하세요.

ex どんなホテルですか。(静かだ・清潔(せいけつ)だ)

→ 静かで清潔なホテルです。

1 どんな部屋ですか。(広(ひろ)い・便利だ)

→

2 どんなラジオですか。(小(ちい)さい・軽(かる)い)

→

3 どんな人(ひと)でしたか。(真面目だ・やさしい)

→

낱말과 표현

清潔だ 청결하다, 깨끗하다 | ラジオ 라디오 ▶radio | 軽い 가볍다

4 日本はいかがですか。(人が多い・にぎやかだ)

→

5 料理はいかがでしたか。(高い・おいしくない)

→

6 映画はいかがでしたか。(退屈だ・つまらない)

→

7 勉強はいかがでしたか。(難しい・大変だ)

→

낱말과 표현

人 사람 | **多い** 많다 | **映画** 영화 | **退屈だ** 지루하다 | **難しい** 어렵다 | **大変だ** 큰일이다, 힘들다

Unit 07

今年は4月12日ですが、来年は4月16日です。

～で・～です・～ですか

회화 표현

変わるんです 바뀝니다, 바뀌어요
～んです는 ～のです의 회화체 표현으로 강한 단정을 나타낸다.

- これでいいんです。 이것이면 됩니다.
- 今日は誕生日なんです。 오늘은 생일입니다.

どうして～んですか 어째서 ～입니까?
강한 의문을 나타내는 표현

- どうして違うんですか。 어째서 다릅니까?
- どうしてだめなんですか。 왜 안 됩니까?

Conversation

회화

今年は4月12日ですが、来年は4月16日です。

高橋　金さんの誕生日はいつですか。

金　今年は4月12日ですが、来年は4月16日です。

高橋　えっ、どうして違うんですか。

金　韓国では誕生日は普通陰暦なんです。

高橋　じゃ、毎年、日が変わるんですか。

金　ええ、そうです。ところで、日本はどうですか。

高橋　日本は陽暦ですから、日はいつも同じですよ。

金　それから、わたしは23歳ですが、満で22歳です。

高橋　韓国では誕生日は陰暦で、年は数え年なんですか。
日本とは違うんですね。

낱말과 표현

誕生日 생일 | いつ 언제 | 今年 올해 去年きょねん (작년) | 来年 내년 再来年さらいねん (내후년) | どうして 왜, 어째서 | 違う 다르다 | 普通 보통, 일반적으로 | 陰暦 음력 | 毎年 매년, 해마다 | 日 날짜 | 変わる 바뀌다 | ～で ~이고 | 陽暦 양력 | いつも 언제나, 늘 | 同じ 같음 | それから 그리고, 그 다음에, 게다가 | 満で 만으로 | ～歳 ~살(나이), ~세(才さい로도 쓴다) | 年 나이 | 数え年 달력 나이(태어난 해를 한 살로 세는 나이) | ～とは ~와/과는

Point

문법 표현

01 文1が、文2

~が는 앞뒤의 문장을 접속시키는 接続助詞로, '~인데, ~하는데, 그렇지만' 등의 뜻으로 쓰인다.

わたしは学生(がくせい)ですが、あの方(かた)は会社員(かいしゃいん)です。

このパンは安(やす)いですが、おいしいです。

02 ~では

장소를 나타내는 助詞 ~で(에서)에 ~は(은/는)가 접속된 형태로, '~에서는'의 뜻이다.

日本では何(なに)が有名(ゆうめい)ですか。

03 文1で、文2

~で는 助動詞 ~だ의 連用形으로 두 문장을 이어주거나, 말을 하다 중지할 때 쓰인다.

これは本で、あれはテレビです。

今日は３月(さんがつ)２１日(にじゅういちにち)で、春分(しゅんぶん)の日(ひ)です。

04 달력 보기

표기	1月	2月	3月	4月	5月	6月
읽기	いちがつ	にがつ	さんがつ	しがつ	ごがつ	ろくがつ
표기	7月	8月	9月	10月	11月	12月
읽기	しちがつ	はちがつ	くがつ	じゅうがつ	じゅういちがつ	じゅうにがつ

※ '몇 월'은 何月(なんがつ)라고 한다.

표기	읽기	표기	읽기	표기	읽기
1日	ついたち	11日	じゅういちにち	21日	にじゅういちにち
2日	ふつか	12日	じゅうににち	22日	にじゅうににち
3日	みっか	13日	じゅうさんにち	23日	にじゅうさんにち
4日	よっか	14日	じゅうよっか	24日	にじゅうよっか
5日	いつか	15日	じゅうごにち	25日	にじゅうごにち
6日	むいか	16日	じゅうろくにち	26日	にじゅうろくにち
7日	なのか	17日	じゅうしちにち	27日	にじゅうしちにち
8日	ようか	18日	じゅうはちにち	28日	にじゅうはちにち
9日	ここのか	19日	じゅうくにち	29日	にじゅうくにち
10日	とおか	20日	はつか	30日	さんじゅうにち

※ 31日은 さんじゅういちにち, '며칠'은 何日(なんにち)라고 한다.

10월 20일 → 10月(じゅうがつ) 20日(はつか)

今年は４月12日ですが、来年は４月16日です。

Drill

회화 연습

○ 다음 질문에 ex 와 같이 답하세요.

ex 今日は何日(なんにち)ですか。(15日です・金曜日(きんようび)です)

→ 今日は15日で、金曜日です。

1 弟さんは何歳(なんさい)ですか。(19歳です・大学生(だいがくせい)です)

→

2 金さんと王さんはどちらの国(くに)の方ですか。

(金さんは韓国人です・王さんは中国人(ちゅうごくじん)です)

→

3 朝(あさ)ご飯(はん)と昼(ひる)ご飯(はん)は何でしたか。

(朝ご飯はパンでした・昼ご飯はラーメンでした)

→

낱말과 표현

何日 며칠 | 金曜日 금요일 | 大学生 대학생 | どちら 어느 쪽, 어느 분 | 中国人 중국인 | 朝ご飯 아침(식사) | 昼ご飯 점심(식사) | パン 빵 | ラーメン 라면

ex 山田(やまだ)さんはお医者(いしゃ)さんですか。(岡本(おかもと)さん)

→ 岡本さんはお医者さんですが、
山田さんはお医者さんじゃありません。

4 これは日本製(にほんせい)ですか。(あれ)

→

5 昨日は雨(あめ)でしたか。(一昨日)

→

6 今日の朝ご飯はパンでしたか。(昨日)

→

낱말과 표현

医者 의사 | ～製 ~제 日本製(일본제)

Unit 08 スイッチはどこにありますか。

① 사물 ~に~があります

회화 표현

~で十分です ~면 충분합니다

十分대신 いい를 넣어서 ~でいいです(~면 좋습니다/~면 됩니다)라는 표현도 만들 수 있다.

- シャワーで十分です。 샤워면 충분합니다.
- これでいいですか。 이거면 됩니까?

ちょっと~ですね 좀 ~하군요

- ちょっと不便ですね。 좀 불편하군요.
- ちょっと寒いですね。 좀 춥군요.

Conversation

회화

(大家：50歳ぐらい・女性)

高橋　電気のスイッチはどこにありますか。

大家　電気のスイッチは入り口の横にあります。

高橋　コンセントはどこにありますか。

大家　コンセントは部屋の隅です。ゴミ箱の後ろにあります。

高橋　押し入れはどこにありますか。

大家　押し入れはありません。
その代わり、トイレの隣に小さい物置があります。

高橋　お風呂はありますか。

大家　お風呂はありませんが、シャワーがあります。

高橋　お風呂はないんですか。
夏はシャワーで十分ですが、冬はちょっと不便ですね。

大家　ええ、でも家の近くには銭湯も
ありますから…。

낱말과 표현

電気 전기, 전등 | **スイッチ** 스위치 ▶switch | **どこ** 어디 | **あります** (사물이)있습니다. | **入り口** 입구 ↔ **出口**でぐち (출구) | **横** 옆 | **コンセント** 콘센트 ▶concentric plug | **隅** 구석, 모퉁이 | **ゴミ箱** 쓰레기통 | **後ろ** 뒤 | **押し入れ** 붙박이장, 벽장 | **ありません** (사물이)없습니다 | **代わり** ~대신 | **トイレ** 화장실 ▶toilet | **隣** 옆, 이웃, 이웃집 | **小さい** 작다 | **物置** 물건 두는 곳(물건을 넣어두는 창고) | **風呂** 목욕탕, 욕조 | **シャワー** 샤워 ▶shower | **夏** 여름 | **十分だ** 충분하다 | **冬** 겨울 | **不便だ** 불편하다 | **でも** 그렇지만, 하지만 | **近く** 근처 | **銭湯** 대중목욕탕

Point

문법 표현

01 (場所)に 名が あります

~には 존재하는 장소를 나타내는 助詞이고, あります는 事物이 '있습니다'라는 표현이므로, '~에 ~이/가 있습니다'라는 뜻이다.

机(つくえ)の上(うえ)に本(ほん)があります。

部屋(へや)の中にテレビがあります。

02 名は どこに ありますか

どこ는 '어디'이므로, 名詞가 존재하는 장소를 묻는 표현으로, '~은/는 어디에 있습니까?' 라는 뜻이다.

ラジオはどこにありますか。

バス停(てい)はどこにありますか。

	現 在 (현재)	過 去 (과거)
肯 定	あります (있습니다)	ありました (있었습니다)
否 定	ありません (없습니다)	ありませんでした (없었습니다)
疑 問	ありますか (있습니까?)	ありましたか (있었습니까?)

03 名は (場所)です

名は(場所)にあります와 같은 뜻으로 쓰인다.

'~은/는 ~입니다'라는 뜻으로, 名はどこですか, 名はどこにありますか에 대한 응답 표현의 하나이다.

ラジオはテーブルの上(うえ)です。

バス停はあそこです。

04 名は ありますか

'名은/는 있습니까?'라는 뜻으로, 사물이 존재하는지를 묻는 문형이다.

小銭(こぜに)はありますか。

この近くに食堂(しょくどう)はありますか。

05 名は ありません

'名은/는 없습니다'라는 뜻으로, 사물이 존재하지 않는다는 문형이다.

百円玉(ひゃくえんだま)はありません。

赤(あか)いボールペンはありません。

Drill

회화 연습

다음 질문에 ex 와 같이 답하세요.

ex カメラはどこにありますか。(机・中)

→ カメラは机の中にあります。

1 牛乳はどこにありますか。(冷蔵庫・中)

→

2 車はどこにありますか。(家・前・駐車場)

→

3 コンタクトレンズはどこにありましたか。(洗面台・上)

→

낱말과 표현

机 책상 | 中 안, 속 | 牛乳 우유 | 冷蔵庫 냉장고 | 車 차, 자동차 | 前 앞 | 駐車場 주차장 | コンタクトレンズ 콘택트렌즈 ▶contact lens | 洗面台 세면대 | 上 위

4 傘(かさ)はどこにありましたか。(電車(でんしゃ)・網棚(あみだな)・上)

→

5 カバンの中に何(なに)がありますか。(教科書(きょうかしょ)・ノート)

→

6 駅(えき)の前に何がありますか。(銀行(ぎんこう)・郵便局(ゆうびんきょく)・病院(びょういん))

→

7 机の引(ひ)き出(だ)しの中に何がありましたか。(文房具(ぶんぼうぐ)・印鑑(いんかん))

→

낱말과 표현

傘 우산 | 電車 전차 | 網棚 그물로 된 선반 | カバン 가방 | 教科書 교과서 | ノート 노트 ▶note | 駅 역 | 銀行 은행 | 郵便局 우체국 | 病院 병원 | 引き出し 서랍 | 文房具 문방구 | 印鑑 인감도장 判子はんこ (도장)

Unit 09 家族はみんな千葉にいます。

② 생물 ～に～がいます

회화 표현

お国はどこですか 어느 나라 사람입니까?
国는 '나라, 고향'의 뜻이므로, '고향이 어디십니까?' 라는 의미도 포함한다.

いらっしゃる 계시다
いる(있다) · 来る(오다) 行く(가다)의 존경어로서, 여기서는 いる(있다)의 존경어인 '계시다'의 뜻으로 쓰였다.

本当ですか 정말 그렇습니까?, 정말입니까?
상대방의 말에 확인할 때 쓰는 표현이다.

Conversation

회화

金　高橋さんのお国(くに)はどこですか。

高橋　わたしの田舎(いなか)は千葉(ちば)です。東京(とうきょう)のディズニーランドのすぐそばです。

金　ご両親(りょうしん)はそちらにいらっしゃるんですか。

高橋　ええ、家族はみんな千葉にいます。

金　家族はみんな日本にいるんですか。ソウルに誰(だれ)かいないんですか。

高橋　ええ、誰(だれ)もいません。金さんの家族はみんなソウルですね。

金　ええ、みんなソウルにいます。でも、日本に親戚(しんせき)がいます。

高橋　本当(ほんとう)ですか。どちらにいらっしゃるんですか。

金　大阪(おおさか)にいます。

낱말과 표현

田舎 시골, 고향 | 千葉 関東(관동)지방에 있는 도시(千葉県의 현청 소재지) | 東京 일본의 수도 (東京都) | ディズニーランド 디즈니랜드 | すぐ 바로, 금방 | 両親 양친 | そちら 그 쪽 | いらっしゃる 계시다, 오시다, 가시다 | みんな 모두, 전부 | ソウル 서울 | 親戚 친척 | 本当 정말 | どちら 어느 쪽, 어디 | 大阪 関西(관서)지방에 있는 도시

Point

문법 표현

01 (場所)に 名が います

'~에 ~가 있습니다'라는 문형으로, 이 때 名詞에는 사람 · 생물 · 동물이 온다. 우리말의 '있습니다'는 사물에는 あります, 사람 · 생물 · 동물에는 います로 구분하여 쓴다.

公園(こうえん)に子供(こども)がいます。

日本に友達がいます。

02 (場所)に 誰か いますか

~か(~인가)는 의문을 나타내는 말에 붙어서 확실하지 않은 질문을 나타낸다. '~에 누군가 있습니까?'의 誰(누구)대신에 何를 넣어서 何かありますか (무엇인가 있습니까?)의 문장을 만들 수도 있다.

部屋の中に誰かいますか。

03 誰もいません

誰かいますか(누군가 있습니까?)라는 질문에 대한 대답의 하나로 '아무도 없습니다'라는 뜻이다. 긍정의 대답은 はい、います (예, 있습니다), はい、○○○がいます (예, ○○○가있습니다) 등으로 하면 된다.

	現 在	過 去
肯 定	います (있습니다)	いました (있었습니다)
否 定	いません (없습니다)	いませんでした (없습니다)
疑 問	いますか (있습니까？)	いましたか (있었습니까?)

04 こちら · そちら · あちら · どちら

ここ · そこ · あそこ · どこ, こっち · そっち · あっち · どっち 등의 장소를 나타내는 말의 공손한 표현으로 쓰이기도 하고, '~쪽, ~방향' 등의 뜻으로도 쓰인다.

お国(くに)はどちらですか。

こちらの方は東京大学(とうきょうだいがく)の山田(やまだ)教授(きょうじゅ)です。

Drill

회화 연습

다음 질문에 ex와 같이 답하세요.

ex 学生はどこにいますか。(教室(きょうしつ))

→ 学生は教室にいます。

1 弟さんはどこにいますか。 (日本)

→

2 先生はどちらにいらっしゃいますか。(教務室(きょうむしつ))

→

3 お子(こ)さんはどこにいましたか。(迷子(まいご)センター)

→

낱말과 표현

教室 교실 | 教務室 교무실 | お子さん 자녀분 | 迷子センター 미아보호소

4 今、家に誰がいますか。(兄)

→

5 今、家に誰かいますか。(はい・弟)

→

6 教室に誰がいましたか。(学生)

→

7 教室に誰かいましたか。(いいえ)

→

Unit 10 土曜日は本を読みます。

動詞 ～を～ます

회화 표현

どれどれ 어디어디

どれ(어느 것)의 겹친 말로, 흥미를 끄는 것을 눈으로 직접 보고 싶을 때 쓰는 표현이다.

それから 그 다음에, 그리고

어떤 사항이나 말을 이어서 할 때나 남의 말을 재촉할 때 쓰는 표현이다.

いつするんですか 언제 합니까?

いつしますか의 강한 표현이다.

案外～ですね 의외로 ~군요

상대방이나, 어떤 일에 대한 추측이나 기대가 좀 어긋났을 때 쓰는 표현이다.

- 案外早かったですね。 의외로 빨랐군요.

Conversation

회화

金　高橋さん、これは何ですか。

高橋　あっ、それはわたしの一週間(いっしゅうかん)の計画表(けいかくひょう)です。

金　へえ、高橋さん案外(あんがい)細(こま)かいですね。
どれどれ、え～と、月曜日(げつようび)は洗濯(せんたく)…。

高橋　月曜日(げつようび)は洗濯をします。それから、火曜日(かようび)は掃除(そうじ)をします。

金　それから。

高橋　水曜日(すいようび)は手紙(てがみ)を書(か)きます。それから、木曜日(もくようび)はDVD を見(み)ます。

金　それから。

高橋　金曜日(きんようび)は映画(えいが)。土曜日(どようび)は本(ほん)を読(よ)みます。
それから日曜日(にちようび)はゆっくり休(やす)みます。

金　高橋さん、勉強はいつするんですか。

낱말과 표현

一週間 일주일 | 計画表 계획표 | 案外 의외로, 생각보다 | 細かい 자세하다, 세밀하다 | どれどれ 어디어디 | 洗濯 세탁 | します 합니다 → する(하다) | それから 그리고, 그 다음에 | 掃除 청소 | 手紙 편지 | 書きます 씁니다 → 書く(쓰다) | 見ます 봅니다 → 見る(보다) | 読みます 읽습니다 → 読む(읽다) | 休みます 쉽니다 → 休む(쉬다) | ゆっくり 천천히, 푹 | 月曜日 월요일 | 火曜日 화요일 | 水曜日 수요일 | 木曜日 목요일 | 金曜日 금요일 | 土曜日 토요일 | 日曜日 일요일

Point

문법 표현

01 動詞의 종류

① 일본어의 動詞의 基本形은 모두 어미가 ウ段으로 끝나는데, 그 종류는 크게 다음 세 가지로 나누어 볼 수 있다.

一 Group 動詞	• 基本形이 る로 끝나지 않는 動詞 • る로 끝나는 動詞 중 그 앞의 음이 イ段이나 エ段음이 아닌 動詞 買(か)う, 書(か)く, 脱(ぬ)ぐ, 話(はな)す, 立(た)つ, 死(し)ぬ, 飛(と)ぶ, 読(よ)む, かかる, 降(ふ)る, 織(お)る 등 〈예외〉 まいる (오다, 가다의 겸양어), 帰(かえ)る 등
二 Group 動詞	• 基本形이 る로 끝나고, る 앞에 イ段이나 エ段음이 오는 動詞 見(み)る, 考(かんが)える
三 Group 動詞	• 변격활용하는 것으로, 来る와 する 두 가지밖에 없다. • 勉強(べんきょう)する와 같이 ～する로 끝나는 動詞는 する와 같은 활용을 한다.

② 활용표

각 활용형의 명칭이나 내용 등에 대해서는 앞으로 차차 확인해 나가기로 하고, 우선 전체적인 틀을 정리하면 다음과 같다.

	基本形	否定形	ます形	連体形	仮定形	意志形
一 Group 動詞	買(か)う	かわない	かいます	かう	かえば	かおう
	書(か)く	かかない	かきます	かく	かけば	かこう
	話(はな)す	はなさない	はなします	はなす	はなせば	はなそう
	立(た)つ	たたない	たちます	たつ	たてば	たとう
	死(し)ぬ	しなない	しにます	しぬ	しねば	しのう
	読(よ)む	よまない	よみます	よむ	よめば	よもう
	飛(と)ぶ	とばない	とびます	とぶ	とべば	とぼう
	帰(かえ)る	かえらない	かえります	かえる	かえれば	かえろう
二 Group 動詞	見(み)る	みない	みます	みる	みれば	みよう
	起(お)きる	おきない	おきます	おきる	おきれば	おきよう
	食(た)べる	たべない	たべます	たべる	たべれば	たべよう
	考(かんが)える	かんがえない	かんがえます	かんがえる	かんがえれば	かんがえよう
三 Group 動詞	来(く)る	こない	きます	くる	くれば	こよう
	する	しない	します	する	すれば	しよう
	勉強(べんきょう)する	勉強しない	勉強します	勉強する	勉強すれば	勉強しよう

Point

문법 표현

02 動詞의 ます形

① ます · ますか · ました · ません · ませんでした등에 접속하는 형태를 통틀어 ます形이라고 부른다.

② ます는 우리말 '~니다'에 해당하는 助動詞로, 공손한 표현을 하고자 할 때 사용하는 말이다.

	ます形으로 만드는 방법
一 Group 動詞	• 어미 ウ段음을 イ段음으로 바꾸고 ます를 접속한다. 書(か)く → 書きます 話(はな)す → 話します 帰(かえ)る → 帰ります
二 Group 動詞	• 어미 る를 없애고 어간에 ます를 접속한다. 見(み)る → 見ます 食(た)べる → 食べます
三 Group 動詞	• 来る와 する는 변격활용을 한다. 来(く)る → きます する → します 勉強する → 勉強します

※ ますか、ました、ません、ませんでした 등을 넣어서 연습해 보기 바란다.

03 名1は (名2を) 動~ます

動詞의 종류에 따라 名2を를 필요로 하기도 하고, 필요로 하지 않기도 한다.

名2を는 動詞의 目的語에 해당한다.

を는 목적을 나타내는 助詞로 '~을/를'에 해당하며, 助詞로만 쓰인다.

わたしは手紙を書きます。

今日はゆっくり休(やす)みます。

Drill

회화 연습

다음 빈칸을 채우세요.

	基本形	～ます	～ません	～ました	～ませんでした
1	会(あ)う				
1	書(か)く				
1	脱(ぬ)ぐ				
1	話(はな)す				
1	立(た)つ				
1	死(し)ぬ				
1	遊(あそ)ぶ				
1	飲(の)む				
1	帰(かえ)る				

	基本形	～ます	～ません	～ました	～ませんでした
2	見(み)る				
2	着(き)る				
2	起(お)きる				
2	食(た)べる				
2	考(かんが)える				
2	調(しら)べる				
3	来(く)る				
3	する				

※ 1 : 一Group動詞　2 : 二Group動詞　3 : 三Group動詞

낱말과 표현

会う 만나다 | **脱ぐ** 벗다 | **話す** 이야기하다 | **立つ** 서다 | **死ぬ** 죽다 | **遊ぶ** 놀다 | **飲む** 마시다 | **帰る** 돌아오다, 돌아가다 | **見る** 보다 | **着る** 입다 | **起きる** 일어나다 | **食べる** 먹다 | **考える** 생각하다 | **調べる** 조사하다, 찾다 | **来る** 오다 | **する** 하다

Unit 11 よくお酒を飲みます。

いつも・よく・時々・あまり

회화 표현

気分が悪いです 기분이 나쁩니다
気分(기분)은 주로 정신적인 상쾌함이나 불쾌감을 나타낼 때 쓰이지만, 여기서는 신체의 전체적인 상태를 의미한다.

～と一緒に 와/과 같이
간단하게 ～と(~와/과)로만 표현하기도 한다.

～が強いですね ~이/가 강하군요
반대 표현은 弱い(약하다)를 이용하여 (~이/가 약합니다)라고 하면 된다.

すごいですね 굉장하군요, 대단하군요
상대방의 말에 놀라거나 감탄할 때 쓰는 표현

Conversation

회화

高橋 金さん、顔色(かおいろ)が悪(わる)いですね。気分(きぶん)が悪いですか。

金 ええ、昨日、友達(ともだち)と一緒(いっしょ)にお酒(さけ)を飲(の)んだんです。

高橋 ああ、二日酔(ふつかよ)いですね。金さんはよくお酒を飲むんですか。

金 いいえ、あまり飲みません。昨日は久(ひさ)しぶりに飲みました。

高橋 わたしも時々(ときどき)、学校(がっこう)の友達とお酒を飲みますが、韓国の方はお酒が強(つよ)いですね。

金 そうですね。わたしは弱(よわ)いですが、友だちはいつも焼酎(しょうちゅう)を３本(さんぼん)ぐらい飲みます。

高橋 ３本。本当ですか。すごいですね。

金 ですから、その次(つぎ)の日(ひ)はいつもこうなんですよ。アイタタタ…。

高橋 大丈夫(だいじょうぶ)ですか。

낱말과 표현

顔色 안색, 얼굴 빛 | 悪い 나쁘다 | 気分 기분 | 友達 친구, 친구들 | 一緒に 함께 | 酒 술 | 二日酔い 숙취 | よく 잘, 자주 | 久しぶりに 오랜만에 (お)久しぶりです(오랜만입니다) | 時々 가끔, 때때로 | 学校 학교 | 強い 강하다 強い酒(독한 술) | 弱い 약하다 弱い酒(약한 술) | 焼酎 소주(한자 표기에 주의) | ～ぐらい ~정도 | すごい 굉장하다, 대단하다 | 次の日 다음날 | こうだ 이렇다, 이러하다 そうだ(그렇다) | アイタタタ あーいたい いたいいたい(아-아파아파아파)의 준말 | 大丈夫だ 괜찮다

Point

문법 표현

01 よく

よくは '잘, 자주'라는 뜻의 副詞이다.

よく分(わ)かりません。

映画(えいが)によく行きますか。

02 あまり

あまりは '그다지, 별로'라는 뜻의 副詞로, 주로 부정문에 쓰인다. 회화체에서는 あんまり라고도 한다.

あまり飲みません。

あまり行きません。

03 久しぶりに

久しぶりには '오랜만에'라는 뜻이다.

久しぶりに東京へ行きました。

04 時々

'가끔, 때때로'라는 뜻의 副詞이다.

々는 같은 한자가 중복될 때 쓰는 기호이다.

銀座(ぎんざ)へは時々行きますか。

Point

문법 표현

05 いつも

'늘, 항상'이라는 뜻의 副詞이다.

いつも顔色が悪いです。

06 ~本

연필, 우산, 담배, 병과 같이 길고 가는 것을 셀 때 쓰는 助数詞로, 뜻은 '~자루, ~개, ~개비, ~병' 등으로 해석할 수 있다.

07 助数詞 읽기

	～本	～杯(~잔)	～固(~개)	和数詞
1	いっぽん	いっぱい	いっこ	ひとつ
2	にほん	にはい	にこ	ふたつ
3	さんぼん	さんばい	さんこ	みっつ
4	よんほん	よんはい	よんこ	よっつ
5	ごほん	ごはい	ごこ	いつつ
6	ろっぽん	ろっぱい	ろっこ	むっつ
7	ななほん	ななはい	ななこ	ななつ
8	はちほん はっぽん	はっぱい	はっこ	やっつ
9	きゅうほん	きゅうはい	きゅうこ	ここのつ
10	じっぽん じゅっぽん	じっぱい じゅっぱい	じっこ じゅっこ	とお
何	なんぼん	なんばい	なんこ	いくつ

※ 和数詞란 우리말 '하나 · 둘 · 셋…'에 해당하는 일본 고유의 숫자 읽기로 とお(열)까지만 있고, 그 이후는 じゅういち(열 하나), じゅうに(열 둘)…와 같이 읽는다.

Drill

회화 연습

다음 질문에 ex 와 같이 답하세요.

ex よくお酒を飲みますか。

→ はい、時々飲みます。(時々)

1 よく映画(えいが)を見ますか。(たまに)

→

2 よく本を読みますか。(あまり)

→

3 よく料理(りょうり)を作りますか。(いつも)

→

낱말과 표현

映画 영화 | たまに 가끔, 간혹 | 料理 요리

4 毎日(まいにち)、復習(ふくしゅう)をしますか。(たいてい)

→

5 学生のとき、煙草(たばこ)を吸(す)いましたか。(全然(ぜんぜん))

→

6 学生のとき、アルバイトをしましたか。(ほとんど)

→

7 학生のとき、よく勉強しましたか。(あまり)

→

낱말과 표현

毎日 날마다 | **復習** 복습↔**予習** 예습 | **たいてい** 대개, 대부분 | **とき** 시절 | **煙草** 담배 | **吸う** 피우다, 들이마시다 | **全然** 전혀 | **アルバイト** 아르바이트(arbeit) (줄여서 **バイト**라고도 함) | **ほとんど** 거의(부정문에서)

Unit 12

国へ帰ります・家でゲームでもします。

～へ行く/来る/帰る・～で～する

회화 표현

どこか 어딘가
か는 흔히 의문을 나타내는 말에 붙어 불확실한 뜻을 나타낸다.
・いつか 언젠가　・何か 무엇인가　・誰か 누군가

せっかくの休み 모처럼의 휴일
せっかく는 흔히 せっかくの～(모처럼의～) せっかくだから(모처럼이니까)의 형태로 많이 쓰인다.

面白くないですね 재미가 없겠군요
面白い는 '재미있다' 외에도 '즐겁다, 흥미가 있다, 우습다' 등 여러 가지 뜻으로 쓰인다.

仕方がありませんね 어쩔 수 없군요, 할 수 없지요
仕方がない는 '할 수 없다, 어쩔 수 없다'의 뜻으로 しようがない와 같은 표현이다.

Conversation

회화

高橋 金さんは今度(こんど)の休(やす)みにどこへ行(い)きますか。

金 いいえ、どこへも行きません。高橋さんはどこかへ行くんですか。

高橋 ええ、国へ帰(かえ)ります。

金 いいですね。いつ頃(ごろ)、韓国に戻(もど)るんですか。

高橋 2週間後(にしゅうかんご)です。金さんはソウルで何をするんですか。

金 わたしですか。そうですね。家でゲームでもします。

高橋 せっかくの休みがそれじゃ面白(おもしろ)くないですね。誰か友達はいないんですか。

金 いますけど、みんな時間が合わないんです。

高橋 そうですか。それじゃ、仕方(しかた)がありませんね。

낱말과 표현

今度 이번 | 休み 휴일, 쉬는 시간, 방학, 결근 昼休み (점심시간) 夏休み (여름 방학) | ～頃 ~쯤, ~경 | 戻る 되돌아오다, 되돌아가다 | ～後 ~후, ~뒤 一時間後 (한 시간 후) 一週間後 (일주일 후) 一年後 (일년 후) | ～で ~에서(장소) | ゲーム 게임 ▶ Game | せっかく 모처럼 | それじゃ 그러면, 그래서는 | 面白い 재미있다 |

Point

문법 표현

01 (場所)へ

へ는 방향을 나타내는 助詞이다. へ로 표기하나 助詞로 쓰일 때는 [he]가 아니라 [e]로 발음한다.

家(いえ)へ帰(かえ)ります。

02 (場所)に

に는 장소나 방향을 나타내는 助詞이다. 방향을 나타낼 경우, に와 へ 둘 다 비슷하게 사용되지만, に는 장소를, へ는 방향을 나타내는 성질이 강하다.

韓国(かんこく)に行きます。

[비교] ・ソウルへ行きます。(방향성이 강함)

・ソウルに行きます。(장소의 의미가 강함)

03 (場所)で

で는 동작이 행해지는 장소를 나타내는 助詞이다.

どこで食事(しょくじ)をしますか。

食堂(しょくどう)で食事をします。

04 (人・場所)から

から는 동작의 기점이나, 출발 위치 등을 나타낸다.

わたしは韓国から来ました。

05 助詞

は [wa]	~은/는	わたしは学生です。 山田さんは学生ではありません。
が	~이/가 ~만	これがわたしのノートです。 すしが好きです。 わたしは行きますが、田村(たむら)さんは行きません。
を	~을/를	新聞(しんぶん)を読(よ)みます。 部屋を出(で)ます。

Point

문법 표현

に	~에 ~(으)로 ~에게 ~를 ~하러	駅の前に大学があります。 ３時に会議があります。 山田さんが最後に着きました。 友達に日本語を教えます。 きのう恋人に会いました。 買物に行きます。
へ [e]	~에 ~(으)로	故郷へ帰ります。
と	~와/과 ~(이)라고	彼とわたしは来年結婚します。 友だちと映画を見ました。 山田と申します。
で	~에서 ~이고 ~(으)로	図書館で勉強します。 これは本で、それはノートです。 目で見ます。 これでいいですか。 大声で叫ぶ。
から	~부터 ~에서부터	これから 明日から 釜山からソウルまで

まで	~까지	2時(にじ)まで ソウルまで飛行機(ひこうき)で来ました。
より	~보다	英語(えいご)より日本語のほうがやさしいです。 わたしより背(せ)が高(たか)いです。
しか	~밖에	わたしにはお金しかありません。
だけ	~만	あなただけを愛(あい)しています。
も	~도	これも日本語の本です。 わたしも行きたいです。
か	~까 ~ㄴ가 ~나	お名前(なまえ)は何(なん)ですか。 いつかは行くでしょう。 なにか飲みましょう。 これかそれ
ね	~군요 ~지요	とても暑(あつ)いですね。 山田さんですね。
や	~이랑	机の上に本やボールペンなどがあります。
など	~등 ~와 같은 것 ~따위	雑誌(ざっし)や新聞(しんぶん)などがあります。 これなどいかがですか。 金(かね)など要(い)りません。

Drill

회화 연습

다음 질문에 ex와 같이 답하세요.

ex 昨日、どこへ行きましたか。(ソウルランド)

→ ソウルランドへ行きました。

1 明日、何をしますか。(不動産屋・行く)

→

2 昨日、家へ帰りましたか。(いいえ)

→

3 いつここへ来ましたか。(一週間前に)

→

낱말과 표현

ソウルランド 서울 랜드의 일본어 표기 | 不動産屋 부동산 소개업(자), 복덕방 | ～前に ~전에

4 日本で何をしますか。(デザインの勉強)

→

5 どこでお酒を飲みますか。(屋台（やたい）)

→

6 どこでお昼ご飯を食べましたか。(社員食堂（しゃいんしょくどう）)

→

7 日本語学校で日本語を勉強しましたか。(大学)

→

낱말과 표현

屋台 포장마차 | **社員食堂** 사원식당

Unit 13 友達に日本語を教えます。

～に～する・～で～する

회화 표현

～(し)ませんか ～하지 않겠습니까?
～(し)ませんか는 부정의문문으로, 간접적으로 상대방에게 권유할 때 쓰는 표현이다.
・ アルバイトしませんか。 아르바이트 하지 않겠어요?

いいですけど 괜찮지만
いいですけれども의 준말로 けれども는 '～지만, 그러나'라는 뜻의 接続助詞이다.

何の～ 무슨 名
何の名의 형으로 '무슨 名'이라는 표현을 만든다.
・ 何のアルバイトですか。 무슨 아르바이트입니까?

無理ですよ。わたしには… 무리입니다. 나에게는…
わたしには無理です(나에게는 무리입니다)가 도치된 문장.
～には는 '～에게는'이라는 뜻이다.

Conversation

회화

金　高橋さん、アルバイトしませんか。

高橋　アルバイトですか。いいですけど、何のアルバイトですか。

金　日本語の先生ですよ。わたしの友達に日本語を教えるんです。

高橋　えっ、先生ですか。無理ですよ。わたしには…。

金　大丈夫ですよ。この教科書で教えるんです。

高橋　何時から何時まででですか。

金　友だちは5時頃、家に帰りますから、6時から2時間ぐらいがいいです。

高橋　6時からですか。
わたしの学校は2時に終わりますから大丈夫ですけど…。

金　わたしはちょっと時間がありませんから、返事は明日、電話でお願いします。

낱말과 표현

~けど けれども(~지만)의 준말 | 何の 무슨 | ~に ~에게 | 教える 가르치다 | 無理だ 무리다, 곤란하다 | ~には ~에게는 (조사 に와 は가 결합된 형태) | 教科書 교과서 | ~で ~으로/로(수단) | 何時 몇 시 | ~時頃 ~시경 (頃ごろ는 시간을, ぐらい는 양) | ~から~まで ~에서 ~까지 | 時間 시간 | 終わる 끝나다 | 返事 대답, 답장 | 電話 전화

Point

문법 표현

01 名1に 名2を 動～ます

여기서 に는 動作의 대상을 나타낸다.

外国人(がいこくじん)に日本語を教えます。

日本人の友だちに韓国語を教えます。

02 名で 動～ます

여기서 で는 도구나 수단을 나타낸다.

ボールペンで書きます。

日本語で話します。

03 (時間)に 動～ます

여기서 に는 동작이 행해지는 때를 가리킨다.

会社(かいしゃ)は9時(くじ)に始(はじ)まります。

3時に会議があります。

04 ～から～まで

～から는 출발점을, ～までは 귀착점을 나타낸다. '～에서 ～까지'

朝(あさ)から晩(ばん)まで

家(いえ)から駅(えき)まで

05 시간을 나타내는 말

	～時(시)	～分(~분)	～秒(초)	～時間(시간)
1	いちじ	いっぷん	いちびょう	いちじかん
2	にじ	にふん	にびょう	にじかん
3	さんじ	さんぷん	さんびょう	さんじかん
4	よじ	よんぷん	よんびょう	よじかん
5	ごじ	ごふん	ごびょう	ごじかん
6	ろくじ	ろっぷん	ろくびょう	ろくじかん
7	しちじ	ななふん	ななびょう	しちじかん
8	はちじ	はちふん はっぷん	はちびょう	はちじかん
9	くじ	きゅうふん	きゅうびょう	くじかん
10	じゅうじ	じっぷん じゅっぷん	じゅうびょう	じゅうじかん
何	なんじ	なんぷん	なんびょう	なんじかん

Drill

회화 연습

다음 질문에 ex와 같이 답하세요.

ex 誰に韓国語を教えますか。(日本人の友達)

→ 日本人の友達に教えます。

1 誰に手紙を書(か)きますか。(中国人(ちゅうごくじん)のペンフレンド)

→

2 車(くるま)の修理(しゅうり)はどこに頼(たの)みましたか。
(マンションの近(ちか)くの整備工場(せいびこうじょう))

→

3 この設計図(せっけいず)はパソコンで書きましたか。(いいえ、手(て))

→

낱말과 표현

中国人 중국인 | ペンフレンド 펜팔친구 ▶pen friend | 修理 수리 | 頼む 부탁하다, 맡기다 | マンション 맨션 ▶mansion | 近く 부근, 근처 ↔ 遠(とお)く (멀리) | 整備工場 정비공장 | 設計図 설계도 | 手 손

4 ここまで何(なに)で来ましたか。(友達の車)

→

5 いつ日本語の勉強を始(はじ)めましたか。(一年前(いちねんまえ))

→

6 いつも何時に起(お)きますか。(6時頃(ろくじごろ))

→

7 昨日も6時に帰りましたか。(いいえ、10時(じゅうじ))

→

낱말과 표현

始める 시작하다 | 起きる 일어나다

Unit 14 わたしは英語が上手です。

～が

회화 표현

～は全然だめなんですよ
～は全然だめです/できませんの 형으로, '～은/는 전혀 못합니다'라는 표현을 만든다.

・ スポーツは全然できません。 스포츠는 전혀 못합니다.

大きらいです 아주 싫어합니다
大는 '대단한, 심한'이라는 뜻의 接頭語이다.

・ 大好きです。 아주 좋아합니다.

～が一番好きです ～이(을) 제일 좋아합니다
～が一番～ですの 형

・ 日本語が一番好きです。 일본어를 제일 좋아합니다.

そんなことはありません
그렇지는 않습니다(그런 일은 없습니다)
상대방의 생각이나 의견에 대한 반론을 얘기할 때 쓰는 표현이다.

Conversation

회화

高橋　金さんは英語ができますか。

金　ええ、勿論です。わたしは英語が上手ですよ。

高橋　うらやましいですね。わたしは語学は全然だめなんですよ。

金　じゃあ、英語がきらいなんですか。

高橋　ええ、大きらいです。わたしは日本語が一番好きです。

金　高橋さんは日本人ですから、英語が下手なんですよ。

高橋　そんなことはありません。わたしの友だちはとても英語が上手ですよ。

金　本当ですか。でも、日本人の発音はちょっと…。

高橋　あら、どっちもどっちじゃありませんか。

낱말과 표현

英語 영어 | できる 할 수 있다, 가능하다 | 勿論 물론 | うらやましい 부럽다 | 語学 어학 | 全然 전혀 | だめだ 못하다, 소용없다 | きらいだ 싫어하다 | 大きらいだ 아주 싫어하다 | 一番 제일 | 好きだ 좋아하다 | そんなこと 그런 일 | 発音 발음 | あら 어머, 어

Point

문법 표현

01 名1は 名2が できます

① ~ができますは '~이/가 가능합니다, ~을/를 할 수 있습니다'라는 표현이다.

わたしは日本語ができます。

② 동작의 대상은 주로 조사 を를 취하지만, 가능이나 소유・필요의 뜻을 나타내는 동사는 조사 が를 취한다. 이런 종류의 동사에는 わかる(알다自動詞의 경우), できる(할 수 있다), 要(い)る (필요하다) 등이 있다.

時間(じかん)が要(い)ります。

02 名1は 名2が ナ形~です

~ナ形ですは '~이/가 ~합니다'라는 표현으로, 가능・소유・필요의 뜻을 나타내는 ナ形容詞가 목적어에 助詞 が를 취하는 경우이다. 여기에 해당하는 ナ形容詞에는 必要(ひつよう)だ(필요하다), 上手(じょうず)だ(잘하다), 下手(へた)だ (서투르다), 得意(とくい)だ(자신 있다) 등이 있다.

わたしは日本語が上手です。

わたしは英語が下手です。

Drill

회화 연습

다음 질문에 ex와 같이 답하세요.

ex 何が好きですか。(旅行)

→ わたしは旅行が好きです。

1 何がきらいですか。(数学(すうがく))

→

2 何が上手ですか。(スキー)

→

3 今、何が必要(ひつよう)ですか。(自由(じゆう)な時間)

→

낱말과 표현

数学 수학 | スキー 스키 ▶ski | 必要だ 필요하다 | 自由だ 자유롭다

Drill

회화 연습

4 何が苦手(にがて)ですか。(車の運転(うんてん))

→

5 何が得意(とくい)ですか。(料理)

→

6 何ができますか。(ドイツ語(ご))

→

7 今、何が欲(ほ)しいですか。(新しい鞄(かばん))

→

낱말과 표현

苦手だ 다루기 어렵다, 서투르다 | 運転 운전 | 得意だ 자신 있다 | ドイツ語 독일어 | 欲しい 탐나다, 갖고 싶다, 사고 싶다 | 鞄 가방

잠깐만요

大

訓 おお・おおきい
音 ダイ・タイ

- 大いに[おおいに] 대단히, 크게
- 大雨[おおあめ] 큰비
- 大学[だいがく] 대학
- 大金[たいきん] 큰돈

男

訓 おとこ
音 ダン・ナン

- 男の人[おとこのひと] 남자
- 男女[だんじょ] 남녀
- 長男[ちょうなん] 장남

하나 더!

男(おとこ)の人(ひと), 女(おんな)の人

男(おとこ)와 女(おんな)는 성을 구별하는 말로서, 男らしい(남자답다), 女らしい(여자답다), 男の友達(남자 친구), 女の友達(여자 친구) 등과 같이 쓰이며, 보통 '남자, 여자'라고 할 때는 男の人, 女の人라고 해야 한다.

또, 존경의 뜻을 나타내는 '남자 분, 여자 분'에 해당하는 말은 男の方(かた), 女の方이다.

Unit 15

明日は誕生日じゃありませんか・何かプレゼントを買いましょう。

〜じゃありませんか〜・ましょう

회화 표현

誕生日はあさってじゃありませんか
생일은 모레잖아요?
〜じゃありませんか는 놀라거나, 갑자기 생각이 났을 때 쓰는 표현으로 '〜가 아닙니까?, 〜이잖아요?'라는 뜻이다.

そうでしたっけ 그랬었던가요?
〜たっけ는 과거에 있었던 일이나 불확실한 일을 확인하는 표현이다.

ところで木村さん、今日は暇ですか
그런데 기무라 씨, 오늘 한가합니까? (시간 있습니까?)
ところで는 화제를 바꿀 때 쓰는 接続詞로 '그런데'라는 뜻이다.

よかったら 좋다면, 괜찮다면
상대방에게 무엇을 권유할 때 쓰는 표현이며, 보다 정중한 표현으로 よろしかったら(좋으시다면, 괜찮으시다면)이 있다.

Conversation

회화

(木村:22歳・高橋の同級生・女性)

高橋　木村さん、明日は金さんの誕生日ですね。

木村　えっ、そうですか。金さんの誕生日はあさってじゃありませんか。

高橋　そうでしたっけ。でも、明日は4月11日でしょう。

木村　ええ、そうですけど、金さんの誕生日は4月12日ですよ。

高橋　ああ、そうでしたね。ところで木村さん、今日は暇ですか。

木村　ええ、暇ですけど、何ですか。

高橋　よかったら、一緒に何かプレゼントを買いましょう。

木村　いいですね。どんなものがいいでしょう。

高橋　そうですね。ライターはどうですか。

낱말과 표현

同級生 동급생 | あさって 모레 | でしょう ~겠지요?, ~일 것입니다 | ところで 그런데 | 暇だ 한가하다 | よかったら 좋다면, 괜찮다면 | プレゼント 선물 ▶present | ライター 라이터 ▶lighter

Point

문법 표현

01 動 ~ましょう(か)

動詞의 ます形에 붙어 상대방에게 권유할 때 쓴다.

一緒(いっしょ)に行きましょう。

行きましょうか。

一緒に見ましょう。

見ましょうか。

一緒にしましょう。

しましょうか。

02 ~でしょう(か)

~です의 추측형으로 '~겠지요?,~일 것입니다'라는 문형이다.

明日は雨が降(ふ)るでしょう。

寒(さむ)いでしょう。

そうでしょうか。

Drill

회화 연습

다음 질문에 ex와 같이 답하세요.

ex お腹(なか)が空(す)きましたね。(サンドイッチ・作る)

→ そうですね、サンドイッチでも作りましょうか。

1 喉(のど)が渇(かわ)きましたね。(お茶(ちゃ)・いれる)

→

2 退屈(たいくつ)ですね。(テレビ・見る)

→

3 静かですね。(ラジオ・つける)

→

낱말과 표현

お腹 배 | 空く 고프다, (속이)비다 | サンドイッチ 샌드위치 ▶sandwich | 喉 목 | 渇く 마르다 | お茶 차 | いれる 넣다, (차를)끓이다 | 退屈だ 지루하다, 심심하다 | つける 붙이다, (불을)켜다, (라디오를) 켜다

Drill

회화 연습

4 疲れましたね。(タバコ・吸う)

→

ex あの人は誰ですか。(山本さん)

→ 山本さんじゃありませんか。

5 これは佐藤さんの車ですね。(吉田さんの車)

→

6 歴史の試験は明後日ですね。(明日)

→

낱말과 표현

疲れる 피곤하다 | タバコ 담배 | 歴史 역사 | 試験 시험

Omake

잠깐만요

生

訓 いきる・うむ・はえる・なま
音 セイ・ショウ

- 生きる[いきる] 살다
- 十月生まれ[じゅうがつうまれ] 10월생
- 生放送[なまほうそう] 생방송
- 生命[せいめい] 생명
- 一生[いっしょう] 평생
- 生涯[しょうがい] 일생

明

訓 あかり・あかるい
音 メイ・ミョウ

- ネオンの明かり[ネオンのあかり] 네온의 불빛
- 明るい表情[あかるいひょうじょう] 밝은 표정
- 明白[めいはく] 명백
- 明治[めいじ] 메이지, 명치(연호)
- 明日[みょうにち] 명일, 내일

하나 더!

美化語《びかご》 미화어

어떤 사물을 고상하게 말할 때 쓰는 말을 美化語라고 한다.
めし→ご飯《はん》(밥), 食《く》う→食《た》べる (먹다)와 같은 어휘도 있고, お金《かね》(돈), お食事《しょくじ》(식사), お水《みず》(물), ご一緒《いっしょ》(같이) 등과 같이 おㅏ ご를 써서 미화하기도 한다. 주로 여성이 많이 쓰고, 생활용어 등에서 많이 볼 수 있다.

Unit 16

リボンもつけてください。

～てください

회화 표현

いらっしゃいませ 어서 오세요
가게나 음식점 등에서 손님을 맞을 때 쓰는 표현이다.

見せてください 보여 주십시오
～てください는 상대방에게 부탁할 때나, 공손한 명령을 할 때 쓰는 표현이다.

これはいくらですか 이것은 얼마입니까?
いくらですか는 값을 물을 때 쓰는 표현이다.

どうなさいますか 어떻게 하시겠습니까?
なさいますか는 しますか의 경어 표현
※ なさる · ござる · くださる · いらっしゃる의 ます形은
なさいます · ございます · くださいます · いらっしゃいます이다.

Conversation

회화

高橋　すみません。

店員(てんいん)　いらっしゃいませ、何(なに)をお探(さが)しでしょうか。

高橋　すみませんが、これをちょっと見(み)せてください。

店員　ライターでございますね。少々(しょうしょう)お待(ま)ちください…。どうぞ。

高橋　これはいくらですか。

店員　30,000(さんまん)ウォンでございます。

高橋　じゃ、これをお願いします。プレゼントですから包(つつ)んでください。

店員　はい、かしこまりました。リボンはどうなさいますか。

高橋　リボンもつけてください。

낱말과 표현

すみません 미안합니다, 실례합니다 | いらっしゃいませ 어서 오십시오 | 探す 찾다 | 見せる 보이다, 보여주다 | ください 주십시오 | ございます 입니다. (～です의 정중한 표현) | 少々 잠시, 잠깐 | 待つ 기다리다 | いくら 얼마 | 包む 싸다, 포장하다 | かしこまりました 알겠습니다 (わかりました보다 정중한 표현) | リボン 리본 ▶ribbon | なさいますか 하시겠습니까? | つける 달다, 붙이다

Point

문법 표현

01 動詞의 て形

動詞의 ～て는 우리말 '~하여, 하고'에 해당하며, ～てください (~해 주십시오), ～ています (~하고 있습니다), ～てほしい(~해 주면 좋겠다) 등 다양한 표현을 만들 수 있다.

그런데 옛 일본어에서는 ます形과 て形이 같았지만, 현대 일본어에서는 一Group動詞에서 て形으로 바뀔 때 소리를 편하게 내기 위해 음의 변화가 일어나는데, 이것을 音便(おんびん) 이라고 한다. 이 현상은 て形뿐만 아니라 た形(과거), たり形(~이기도 하고)에도 같이 적용된다.

音便은 一Group動詞에서 어미가 す인 것을 제외하고 세 종류의 音便이 있는데, 만드는 방법은 외우는 수밖에 없다.

① い音便(おんびん)　어미가 く, ぐ인 동사 (예외: 行く)

基本型	ます形	い音便	て形
書(か)く	かきます	かき＋て→かいて	書いて
聞(き)く	ききます	きき＋て→きいて	聞いて
継(つ)ぐ	つぎます	つぎ＋て→ついで	継いで
脱(ぬ)ぐ	ぬぎます	ぬぎ＋て→ぬいで	脱いで

＊行(い)く	いきます	いき＋て→いって	行って

② 撥音便(はつおんびん) 어미가 ぬ, ぶ, む인 동사

基本型	ます形	撥音便	て形
死(し)ぬ	しにます	しに＋て→しんで	死んで
飛(と)ぶ	とびます	とび＋て→とんで	飛んで
呼(よ)ぶ	よびます	よび＋て→よんで	呼んで
生(う)む	うみます	うみ＋て→うんで	生んで
読(よ)む	よみます	よみ＋て→よんで	読んで

③ 促音便(そくおんびん) 어미가 う, つ, る인 동사

基本型	ます形	促音便	て形
思(おも)う	おもいます	おもい＋て→おもって	思って
言(い)う	いいます	いい＋て→いって	言って
立(た)つ	たちます	たち＋て→たって	立って
待(ま)つ	まちます	まち＋て→まって	待って
取(と)る	とります	とり＋て→とって	取って
帰(かえ)る	かえります	かえり＋て→かえって	帰って

Point

문법 표현

④ 一Group動詞 중에서 어미가 す로 끝나는 동사와 二Group · 三Group動詞는 音便(おんびん)이 일어나지 않는다.

基本型	ます形		て形
＊話(はな)す ＊許(ゆる)す	はなします ゆるします	はなし＋て→はなして ゆるし＋て→ゆるして	話して 許して
見(み)る 起(お)きる 食(た)べる 考(かんが)える	みます おきます たべます かんがえます	み＋て→みて おき＋て→おきて たべ＋て→たべて かんがえ＋て→かんがえて	見て 起きて 食べて 考えて
来(く)る する	きます します	き＋て→きて し＋て→して	来(き)て して

02 ～てください

앞에서 배운 て形에 ください(주십시오)를 접속한 것으로 '~하여 주십시오, ~하여 주세요'의 뜻이다.

見(み)せる → 見せてください。

書(か)く → 書いてください。

03 お + ます形 + ください

이 표현은 ～てください보다 정중한 표현으로 윗사람에게 의뢰하거나 정중하게 명령할 때 쓴다.

見せる → お見せください。

書く → お書きください。

Drill

회화 연습

다음 동사를 て形으로 바꾸세요.

ある		吸(す)う		切(き)る	
いる		脱(ぬ)ぐ		来(く)る	
起(お)きる		勉強(べんきょう)する		帰(かえ)る	
食(た)べる		泳(およ)ぐ		押(お)す	
飲(の)む		忘(わす)れる		死(し)ぬ	
呼(よ)ぶ		寝(ね)る		立(た)つ	

낱말과 표현

泳ぐ 헤엄치다 | 忘れる 잊다 → 忘れもの(잊은 물건) | 寝る 자다 | 切る 자르다 | 押す 누르다, 밀다

다음 문장을 ex와 같이 바꾸세요.

ex 窓(まど)を開(あ)けます。

→ 窓を開けてください。

1 本を読みます。

→

2 手紙を書きます。

→

3 漢字を練習(れんしゅう)します。

→

낱말과 표현

窓 창 | 開ける 열다 | 練習する 연습하다

Drill

회화 연습

4 テープを聞(き)きます。

→

5 学校へ行きます。

→

6 6時に起きます。

→

7 薬(くすり)を飲みます。

→

8 勉強をします。

→

9 荷物を持ちます。

→

10 家に来ます。

→

11 お金を貸します。

→

12 野菜を食べます。

→

낱말과 표현

聞く 듣다, 묻다 | 薬 약 | 荷物 짐 | 持つ 가지다, 들다 | 貸す 빌려주다 | 野菜 야채

Unit 17

雑誌を借りてもいいですか・雑誌は持ち出してはいけません。

허가・금지 ～でもいいです・～てはいけません

회화 표현

どうぞ 어서, 자, 부디, 아무쪼록

상대방에게 뭔가를 권할 때나, 부탁할 때 쓰는 표현으로 특히 권유할 때는 뒤에 오는 동사를 생략하기도 한다.

- どうぞ、お入りください。 어서 들어오십시오.
- どうぞ、よろしく。 부디 잘 부탁합니다.

ありがとうございます 고맙습니다

상대방의 호의에 대한 감사의 뜻을 나타내는 표현

손아래 사람이나, 친구 등에게는 ありがとう라고만 해도 된다.

調子が悪い 몸이 안 좋다, 기계 상태가 나쁘다

사람이나 기계에 대해 특정한 부위를 가리키지 않는다.

Conversation

회화

(司書:28歳・女性)

高橋 すみません、この雑誌を借りてもいいですか。

司書 それはちょっと困ります。雑誌は持ち出し禁止なんです。

高橋 そうですか。じゃ、この新聞もだめですか。

司書 ええ、新聞と雑誌は持ち出してはいけません。

高橋 それでは、コピーをしてもいいですか。

司書 ええ、どうぞ。コピー機はあそこにあります。

高橋 あのコピー機は少し調子が悪いんですが、外でコピーしてはいけませんか。

司書 困りますね。本当はだめなんですけど…。
じゃ、すぐに持って来てくださいね。

高橋 ありがとうございます。すぐに持って来ます。

낱말과 표현

司書 사서 | 雑誌 잡지 | 借りる 빌리다 → 貸かす (빌려주다) | 困る 곤란하다(だめだ (안 된다) 대신 부드럽게 말할 때 쓰기도 함) | 持ち出す 가지고 나가다 | 禁止 금지 | 新聞 신문 | いけません 안 됩니다 | コピー 복사 ▶copy | コピー機 복사기 → コーヒー (커피) ▶coffee | どうぞ 어서, 자, 부디, 아무쪼록 | に ~에 | 調子 상태 | 外 밖 | すぐに 금방, 바로

Point

문법 표현

01 動~ても いいです / かまいません

① '~해도 좋습니다, 괜찮습니다, 상관없습니다'라는 뜻으로, 상대방의 행위에 대해 허가를 나타내는 문형이다.

窓(まど)を開(あ)けてもいいです。

コーヒーを飲んでもいいです。

② 形容詞, ナ形容詞, 名詞의 경우는 다음과 같이 접속한다.

部屋は狭くてもいいです。

交通は少(すこ)し不便でもかまいません。

場所(ばしょ)はどこでもかまいません。

02 動~ては いけません / 困ります

위의 01번 문형에 대한 반대 표현으로, '~해서는/(~하면) 안 됩니다'라는 뜻이다.

芝生(しばふ)に入ってはいけません。

ここに駐車(ちゅうしゃ)してはいけません。

03 複合語

두 개이상의 형태소가 모여서 하나의 단어가 되는 것을 말하는데, 앞뒤 음에 따라 음이 약간씩 변하기도 한다.

- 持(も)つ＋出(だ)す → 持(も)ち出(だ)す [動]＋[動]
- 泣(な)く＋止(や)む → 泣(な)き止(や)む [動]＋[動]
- 勉強(べんきょう)＋机(つくえ) → 勉強机(べんきょうづくえ) [名]＋[名]
- 横(よこ)＋切(き)る → 横切(よこぎ)る [名]＋[動]
- 上(のぼ)る＋列車(れっしゃ) → 上(のぼ)り列車(れっしゃ) [動]＋[名]
- 乗(の)る＋換(か)える＋駅(えき) → 乗(の)り換駅(かええき) [動]＋[動]＋[名]

04 と

우리말 '~와, 과'에 해당하는 助詞로서 두 개 이상의 사항을 열거할 때 쓴다.

- 今日(きょう)と明日(あした)
- あなたとわたし

Drill

회화 연습

다음 질문에 **ex** 와 같이 답하세요.

ex ここでタバコを吸ってもいいですか。(はい・いいえ)

→ はい、吸ってもいいです。

→ いいえ、吸ってはいけません。

1 ここに駐車(ちゅうしゃ)してもいいですか。(はい)

→

2 部屋で料理をしてもいいですか。(いいえ)

→

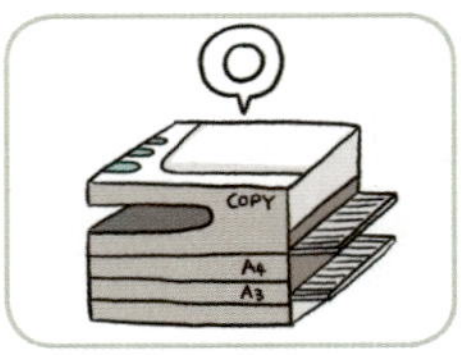

3 コピーを取(と)ってもいいですか。(はい)

→

낱말과 표현

取る 잡다, 취하다 → コピーを取る(사본을 뜨다, 복사하다)

4 ここに座(すわ)ってもいいですか。(いいえ)

→

5 辞書(じしょ)を引(ひ)いてもいいですか。(はい)

→

6 ボールペンで書いてもいいですか。(いいえ)

→

7 あの人に教えてもいいですか。(はい)

→

낱말과 표현

座る 앉다 | 辞書 사전 | 引く 끌다, 찾다 → 辞書を引く (사전을 찾다)

Unit 18 勉強が難しくなりました。

形容詞・ナ形容詞　～くなります・～になります

회화 표현

もう韓国語は大丈夫でしょう
이제 한국어는 문제없지요?
もう～でしょう는 '이제/이미~지요?'라는 표현이다.

なかなか上手になりませんよ
좀처럼 실력 향상이 안 됩니다
なかなか는 긍정문에서는 '꽤, 제법'이라는 뜻으로, 부정문에서는 '쉽사리, 좀처럼'으로 쓰인다.

そんなことはありません 그럴 리가 있나요, 그렇지 않아요
상대방의 생각이나 의견에 반론을 나타내는데 여기서는 반론을 나타내기 보다는 격려하는 뜻이 담겨 있다.

Conversation

회화

金　高橋さんは韓国に来て何(なん)ヵ月(げつ)ですか。

高橋　そうですね。そろそろ4(よん)ヵ月(げつ)になります。

金　そうですか。じゃ、もう韓国語は大丈夫(だいじょうぶ)でしょう。

高橋　それが、なかなか上手になりませんよ。
どうしてでしょうか。

金　そんなことはありませんよ。前(まえ)より、ずっと上手になりましたよ。

高橋　そうですか。でも、学校の勉強もだんだん難しくなって、大変なんです。

金　大丈夫ですよ。発音もだいぶ正確(せいかく)になりましたよ。

高橋　本当ですか。ありがとうございます。

낱말과 표현

何ヵ月 몇 개월 ｜ そろそろ 슬슬, 이제, 곧 ｜ なる 되다 ｜ もう 이미, 이제 ｜ 大丈夫だ 괜찮다 ｜ なかなか 좀처럼 ｜ ずっと 훨씬 ｜ だんだん 점점(조금씩 변화하고 있는 것을 나타냄) ｜ だいぶ 꽤 ｜ 正確だ 정확하다

Point

문법 표현

01 名 • ナ形 ～に なります

'名이/가 됩니다, ナ形 ~하게 됩니다/~해집니다'라는 뜻의 관용적인 문형이다. 名詞의 경우 해석은 '~이/가'이지만 조사는 に를 사용하는 것에 주의해야 한다.

もうすぐ春になります。

10月になりました。

この頃、元気(げんき)になりました。

02 形～く なります

'~게 됩니다/~해집니다'라는 뜻이다.

金さんは日本語がだんだんうまくなりますね。

とても寒(さむ)くなりました。

03 動～(る)ように なります

動詞의 경우 ～(る)ようになります(～하게 됩니다/～해집니다)형으로 쓰인다.

日本語ができるようになりました。

この頃、本をたくさん読むようになりました。

Drill

회화 연습

다음 질문에 ex 와 같이 답하세요.

ex 日本語は上手になりましたか。(だいぶ)

→ はい、だいぶ上手になりました。

1 ソウルはもう暑(あつ)いですか。(とても)

→

2 日本語の勉強はいかがですか。難しいですか。(だんだん)

→

3 物価(ぶっか)は安くなりましたか。(少(すこ)しも)

→

낱말과 표현

暑い 덥다 | 物価 물가 | 少しも 조금도

4 ソウルの生活(せいかつ)はいかがですか。(かなり・便利だ)

→

5 もう11月ですね。(ずいぶん・寒い)

→

6 クーラーの調子はどうですか。(前より・よい)

→

7 日本語は上手になりましたか。(全然)

→

낱말과 표현

生活 생활 | かなり 제법, 상당히 | ずいぶん 대단히, 몹시 | クーラー 냉방장치, 에어컨 ▶cooler

Unit 19

この店は何時までですか・明日までにできますか。

～まで・～までに

회화 표현

はい、分かりました 네, 알겠습니다
상대의 입장이나 사정을 이해하거나, 부탁을 들어줄 수 있을 때 쓰는 표현이다.

うちの店
うちは '우리, 우리 쪽의'라는 뜻으로 うちの[名]의 형으로 '우리~'라는 표현이다.
・ うちの子供 우리 아이　　・ うちの人 우리 남편

休みを取る 휴가를 얻다, 쉬다
・ 免許を取る 면허를 따다
・ いい成績を取る 좋은 성적을 얻다

～から
～から는 이유나 원인을 나타낸다.
・ 夜遅くまでやりますから。 밤늦게까지 하니까.

Conversation

회화

(写真屋(しゃしんや)：50歳ぐらい・男性)

写真屋 いらっしゃいませ。

高橋 すみません、プリントをお願いします。

写真屋 はい、分(わ)かりました。え～と、24枚撮り(にじゅうよんまいど)で、カラーですね。

高橋 はい、そうです。明日までにできますか。

写真屋 すみませんが、うちの店(みせ)、明日から水曜日まで休(やす)みを取(と)るんです。

高橋 じゃあ、明日までには無理(むり)ですね。

写真屋 でも、今日は夜遅(よるおそ)くまでやりますから、夜までにできますよ。

高橋 あっ、そうですか。この店は何時までですか。

写真屋 10時までですから、それまでに来てください。

낱말과 표현

写真屋 사진관 | **プリント** (사진, 영화에서)인화, 프린트 ▶print | **分かる** 알다 | **～枚** ~장 | **～枚撮り** **撮る**는 '찍다'라는 뜻으로 **～枚撮り**는 '~장 짜리'라는 뜻 | **カラー** 컬러 ▶color | **～までに** ~까지(는) | **できる** 완성되다, 생기다, 가능하다의 뜻이 있는데, 여기서는 '완성되다'의 뜻 | **うちの店** 우리 가게 | **休み** 휴가, 휴일 | **取る** 취하다 | **無理だ** 무리다, 어렵다, 가능성이 없다 | **夜** 밤 | **遅く** 늦게 → **遅い** (늦다) | **やる** 하다 (여기서는 **営業**えいぎょう**する** (영업하다)의 의미 | **～から** ~(하)니까

Point

문법 표현

01 ～まで

체언이나 動詞의 連体形에 붙어 기간을 나타내거나, 거리 · 수량의 범위를 나타낸다. '～까지' 라는 뜻이다.

6時まで待ちます。

ソウルから釜山まで飛行機で1時間ぐらいかかります。

わたしが行くまで待ってください。

02 ～までに

주로 시간을 나타내는 말에 붙어서 기한을 나타낸다. まで가 어느 시점까지 어떤 동작이나 상태가 계속되는 것을 뜻하는데 비해, までに는 동작이나 상태가 어느 시점에서 끝나거나 완료되는 것을 나타낸다.

6時までに帰ります。

明日までにできますか。

日本へ行くまでにはできあがります。

Drill

회화 연습

ex 와 같이 맞는 쪽에 밑줄을 치세요.

ex 今日は何をしますか。

→ 今日は11時(<u>まで</u>・までに)勉強します。

1 結婚式(けっこんしき)は何時からですか。

→ 結婚式は2時からですから、1時30分(まで・までに)来てください。

2 宿題(しゅくだい)はありますか。

→ ええ、明日(まで・までに)このレポートを書いてください。

3 この工場(こうじょう)はいつ完成(かんせい)しますか。

→ 来年の5月(まで・までに)完成します。

낱말과 표현

結婚式 결혼식 | 宿題 숙제 | レポート 리포트 ▶report | 工場 공장 | 完成 완성

Drill

회화 연습

4 教科書は何を使(つか)いますか。

→ 来週(らいしゅう)(まで・までに)この教科書で勉強します。

5 どこまで予習(よしゅう)しますか。

→ 来週(まで・までに)この教科書を全部(ぜんぶ)読んでください。

6 仕事(しごと)は何時に終わりますか。

→ たいてい、7時(まで・までに)終わります。

7 映画館(えいがかん)は何時に閉(しま)りますか。

→ 夜の9時(まで・までに)やっています。

낱말과 표현

使う 사용하다, 쓰다 | 予習 예습↔復習ふくしゅう (복습) | 来週 다음 주 今週こんしゅう 이번 주 先週せんしゅう 지난 주 | 全部 전부, 다 | 仕事 일, 업무 | 映画館 영화관 | 閉る 닫히다

Omake

잠깐만요

店 訓 みせ 音 テン

- 店[みせ] 가게
- 店員[てんいん] 점원
- 商店[しょうてん] 상점

夜 訓 よ・よる 音 ヤ

- 月夜[つきよ] 달밤
- 夜[よる] 밤
- 夜昼[よるひる] 밤낮
- 夜食[やしょく] 야식

하나 더!

写真に関することば 사진에 관한 말

- プリント 인화
- 引ひき伸のばし 확대
- カラー フィルム 컬러 필름
- 写真を撮とる 사진을 찍다
- アルバム 앨범
- 現象げんしょう 현상
- 焼やき増ましし 추가 인화
- 白黒しろくろフィルム 흑백 필름
- 写真を写うつす 사진을 찍다
- 焼やき付つけ 인화
- フィルム 필름
- ～枚撮まいどり ～장 짜리(필름)
- カメラ 카메라

Unit 20

髪を短くしてください。

～くします・～にします

회화 표현

今、サービス期間中ですが…
지금 서비스 기간 중입니다만……

～中의 형태로 '～하는 중'이라는 표현을 만들 수 있다.

・今、仕事中です。 지금 업무 중입니다.

パーマをかける 파마를 하다

관용적인 표현

・部分パーマ 부분 파마
・パーマがとれる 파마가 풀리다
・ゆるくかける 느슨하게 말다
・きつくかける 강하게 말다

Conversation

회화

(美容師(びようし)：25歳・女性)

美容師　どうしますか。

高橋　全体的(ぜんたいてき)に短(みじか)くしてください。

美容師　前髪(まえがみ)も短くしますか。

高橋　前髪は長く残(のこ)してください。

美容師　襟足(えりあし)はどうしますか。

高橋　短く切(き)って、きれいに揃(そろ)えてください。

美容師　パーマはいかがですか。今、サービス期間中(きかんちゅう)ですが…。

高橋　そうですか。じゃ、ゆるくかけてください。

美容師　はい、分かりました。

낱말과 표현

美容師 미용사 | 全体的に 전체적으로 | 短く 짧게 → 短い (짧다) | 前髪 앞머리 | 残す 남기다 | 襟足 목덜미 | 切る 자르다 | 揃える 가지런히 정돈하다, 정리하다 | パーマ 파마 ▶permanent wave | サービス 서비스 ▶service | 期間中 기간 중 | ゆるく 느슨하게 → ゆるい (느슨하다) | かける 걸다, 말다

Point

문법 표현

01 形 ～く します・ナ形 ～に します

形～く・ナ形 ～には 副詞形이므로, '～하게'라는 뜻이다.

短く発音します。

きれいに洗(あら)います。

今、仕事中ですから、静かにしてください。

02 名 ＋ 的

'～적'이라는 뜻으로 경향이나 상태를 나타낸다.

一方的(いっぽうてき)

人間的(にんげんてき)

合理的(ごうりてき)な考(かんが)え方(かた)

社会的(しゃかいてき)な責任(せきにん)

Drill

회화 연습

다음 질문에 ex 와 같이 답하세요.

ex どのくらい切りましょうか。(短い・切る・ください)

→ 短く切ってください。

1 この部屋は寒いですね。

(ヒーターをつける・暖(あたた)かい・する・ましょう)

→

2 この文章(ぶんしょう)を全部覚(おぼ)えるんですか。

(ええ・完全(かんぜん)だ・覚える・ください)

→

3 衛星放送(えいせいほうそう)の調子はいかがですか。

(きれいだ・見える)

→

낱말과 표현

ヒーター 난방기, 히터 ▶heater | 暖かい 따뜻하다 | 文章 문장 | 覚える 암기하다, 외우다 | 完全だ 완전하다 | 衛星放送 위성방송

Drill

회화 연습

4 旅行の荷物はこれでいいですか。

(もっと・軽(かる)い・する・ください)

→

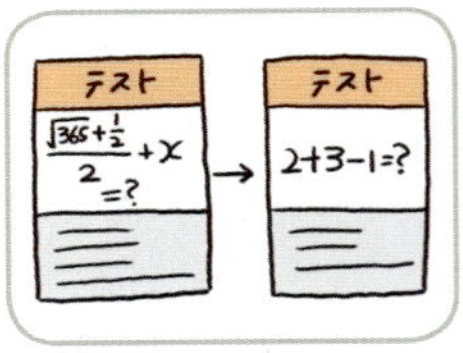

5 この問題(もんだい)はちょっと難しいですね。

(もっと・簡単だ・する・ましょう)

→

6 履歴書(りれきしょ)は、これでいいですか。

(もっと・丁寧(ていねい)だ・書く・ください)

→

7 この品(しな)は安いですよ。いかがですか。

(もっと・安い・する・ください)

→

낱말과 표현

もっと 더, 더욱 | 軽い 가볍다 | 問題 문제 | 履歴書 이력서 | 丁寧だ 정중하다 | 品 물건, 물품

잠깐만요

足

訓 あし・たりる
音 ソク

- 手足[てあし] 손발
- 足りる[たりる] 족하다, 충분하다
- 土足[どそく] 신발을 신은 상태

中

訓 なか
音 チュウ・ジュウ

- 部屋の中[へやのなか] 방 안
- 中村[なかむら] 나카무라
- 中心[ちゅうしん] 중심
- 話し中[はなしちゅう] 통화 중(전화), 이야기 중
- 一日中[いちにちじゅう] 하루 종일

하나 더!

髪に関することば 머리에 관한 말

- 髪 머리, 머리털
- 髪が伸のびる 머리가 자라다
- 切きる 자르다
- 刈かる 깎다
- とかす 빗다
- パーマ 파마
- パーマがとれる 파마가 풀리다
- パーマをかける 파마를 하다
- ゆるくかける 느슨하게 말다
- きつくかける 강하게 말다

기초 어휘와 표현

기초 어휘와 표현(CD에 녹음 된 네이티브 음성을 듣고 따라해 보세요)

練習(れんしゅう)する単語(たんご)は次(つぎ)のとおりです。文字(もじ)と発音(はつおん)を確認(かくにん)しましょう。

(연습할 단어는 다음과 같습니다. 문자와 발음을 확인합시다.)

形容詞	ナ形容詞
1 大(おお)きい	1 静(しず)かだ
2 小(ちい)さい	2 きれいだ
3 長(なが)い	3 便利(べんり)だ
4 短(みじか)い	4 不便(ふべん)だ
5 重(おも)い	5 好(す)きだ
6 軽(かる)い	6 きらいだ
7 暑(あつ)い	7 大事(だいじ)だ
8 寒(さむ)い	8 大丈夫(だいじょうぶ)だ
9 早(はや)い	9 簡単(かんたん)だ
10 遅(おそ)い	10 複雑(ふくざつ)だ
11 高(たか)い	11 真面目(まじめ)だ
12 低(ひく)い	12 心配(しんぱい)だ
13 多(おお)い	13 駄目(だめ)だ
14 少(すく)ない	14 上手(じょうず)だ
15 良(い)い	15 下手(へた)だ
16 悪(わる)い	16 暇(ひま)だ
17 強(つよ)い	17 親切(しんせつ)だ
18 弱(よわ)い	18 元気(げんき)だ
19 遠(とお)い	19 大変(たいへん)だ
20 近(ちか)い	20 かわいそうだ

一Group動詞(五段動詞)	二Group動詞・三Group動詞
1 話(はな)す	1 起(お)きる
2 行(い)く	2 着(き)る
3 書(か)く	3 いる
4 泳(およ)ぐ	4 降(お)りる
5 会(あ)う	5 見(み)る
6 買(か)う	6 できる
7 思(おも)う	7 食(た)べる
8 待(ま)つ	8 開(あ)ける
9 売(う)る	9 閉(し)める
10 乗(の)る	10 勤(つと)める
11 切(き)る	11 教(おし)える
12 入(はい)る	12 寝(ね)る
13 ある	13 変(か)える
14 わかる	14 考(かんが)える
15 飲(の)む	15 かける
16 住(す)む	16 見(み)せる
17 死(し)ぬ	17 見(み)える
18 遊(あそ)ぶ	18 聞(き)こえる
19 帰(かえ)る	19 する※
20 なる	20 来(く)る※

※ 三類動詞 「する」(サ行変格活用動詞)

※ 三類動詞 「来る」(カ行変格活用動詞)

기초 어휘와 표현(CD에 녹음 된 네이티브 음성을 듣고 따라해 보세요)

第 1 課　基礎単語

形容詞

◎ 意味を考えながら2回ずつ一緒に言ってください。
(의미를 생각하며 두 번씩 같이 말해 주세요.)

1 大きい
2 小さい
3 長い
4 短い
5 重い
6 軽い
7 暑い
8 寒い
9 早い
10 遅い
11 高い
12 低い
13 多い
14 少ない
15 良い
16 悪い
17 強い
18 弱い
19 遠い
20 近い

ナ形容詞

◎ 意味を考えながら2回ずつ一緒に言ってください。

1 静かだ
2 きれいだ
3 便利だ
4 不便だ
5 好きだ
6 きらいだ
7 大事だ
11 真面目だ
12 心配だ
13 駄目だ
14 上手だ
15 下手だ
16 暇だ
17 親切だ

8 大丈夫だ
9 簡単だ
10 複雑だ
18 元気だ
19 大変だ
20 かわいそうだ

動詞

◎ 意味を考えながら2回ずつ一緒に言ってください。

1 話す
2 行く
3 書く
4 泳ぐ
5 会う
6 買う
7 思う
8 待つ
9 売る
10 乗る
11 切る
12 入る
13 ある
14 わかる
15 飲む
16 住む
17 死ぬ
18 遊ぶ
19 帰る
20 なる
21 起きる
22 着る
23 いる
24 降りる
25 見る
26 できる
27 食べる
28 開ける
29 閉める
30 勤める
31 教える
32 寝る
33 変える
34 考える
35 かける
36 見せる
37 見える
38 聞こえる
39 する
40 来る

기초 어휘와 표현(CD에 녹음 된 네이티브 음성을 듣고 따라해 보세요)

第２課　基礎活用練習

形容詞とナ形容詞のです形

◎ 例のように活用させてください。(例와 같이 활용시키세요.)

例 大きい　→　大きいです
　 静かだ　→　静かです

1. 大きい → 大きいです
2. 長い → 長いです
3. 重い → 重いです
4. 静かだ → 静かです
5. 便利だ → 便利です
6. 暑い → 暑いです
7. 好きだ → 好きです
8. 大事だ → 大事です
9. 寒い → 寒いです
10. 大丈夫だ → 大丈夫です
11. 高い → 高いです
12. 低い → 低いです
13. 少ない → 少ないです
14. 簡単だ → 簡単です
15. いい → いいです
16. 上手だ → 上手です
17. 強い → 強いです
18. 元気だ → 元気です
19. 遠い → 遠いです
20. かわいそうだ → かわいそうです

応用練習

1. 教室はきれいだ → 教室はきれいです
2. バスは不便だ → バスは不便です
3. 魚はきらいだ → 魚はきらいです
4. この机は大きい → この机は大きいです
5. この本は軽い → この本は軽いです
6. 韓国の冬は寒い → 韓国の冬は寒いです
7. テストは簡単だ → テストは簡単です
8. 山田さんは真面目だ → 山田さんは真面目です
9. アメリカは遠い → アメリカは遠いです
10. 日本語が上手だ → 日本語が上手です

動詞のます形

◎ 例のように活用させてください。

例 話す → 話します

1 行く → 行きます
2 泳ぐ → 泳ぎます
3 買う → 買います
4 思う → 思います
5 待つ → 待ちます
6 売る → 売ります
7 切る → 切ります
8 ある → あります
9 わかる → わかります
10 飲む → 飲みます
11 起きる → 起きます
12 着る → 着ます
13 いる → います
14 見る → 見ます
15 開ける → 開けます
16 勤める → 勤めます
17 できる → できます
18 変える → 変えます
19 する → します
20 来る → 来ます

応用練習

1 海で泳ぐ → 海で泳ぎます
2 友達に会う → 友達に会います
3 ノートを買う → ノートを買います
4 電車に乗る → 電車に乗ります
5 友達と遊ぶ → 友達と遊びます
6 ご飯を食べる → ご飯を食べます
7 一生懸命考える → 一生懸命考えます
8 電話をかける → 電話をかけます
9 勉強をする → 勉強をします
10 手紙が来る → 手紙が来ます

기초 어휘와 표현(CD에 녹음 된 네이티브 음성을 듣고 따라해 보세요)

形容詞とナ形容詞の否定形

◎ 例のように活用させてください。

例 大きい → 大きくありません
静かだ → 静かじゃありません

1 小さい → 小さくありません
2 短い → 短くありません
3 軽い → 軽くありません
4 寒い → 寒くありません
5 不便だ → 不便じゃありません
6 好きだ → 好きじゃありません
7 大事だ → 大事じゃありません
8 早い → 早くありません
9 低い → 低くありません
10 大丈夫だ → 大丈夫じゃありません
11 複雑だ → 複雑じゃありません
12 真面目だ → 真面目じゃありません
13 心配だ → 心配じゃありません
14 多い → 多くありません
15 いい → よくありません
16 暇だ → 暇じゃありません
17 親切だ → 親切じゃありません
18 悪い → 悪くありません
19 弱い → 弱くありません
20 大変だ → 大変じゃありません

応用練習

1 テレビは大きい → テレビは大きくありません
2 5月は寒い → 5月は寒くありません
3 バスは便利だ → バスは便利じゃありません
4 猫が好きだ → 猫が好きじゃありません
5 学生は多い → 学生は多くありません
6 このペンはいい → このペンはよくありません
7 あの人は真面目だ → あの人は真面目じゃありません
8 英語が上手だ → 英語が上手じゃありません
9 あの人は強い → あの人は強くありません
10 仕事は大変だ → 仕事は大変じゃありません

動詞の否定形

◎ 例のように活用させてください。

例 話す → 話しません

1	話す	→ 話しません	11	なる	→ なりません
2	行く	→ 行きません	12	着る	→ 着ません
3	会う	→ 会いません	13	降りる	→ 降りません
4	思う	→ 思いません	14	開ける	→ 開けません
5	待つ	→ 待ちません	15	寝る	→ 寝ません
6	売る	→ 売りません	16	かける	→ かけません
7	乗る	→ 乗りません	17	見える	→ 見えません
8	切る	→ 切りません	18	聞こえる	→ 聞こえません
9	ある	→ ありません	19	する	→ しません
10	死ぬ	→ 死にません	20	来る	→ 来ません

応用練習

1. 学校へ行く → 学校へ行きません
2. ラジオを買う → ラジオを買いません
3. タクシーに乗る → タクシーに乗りません
4. 髪を切る → 髪を切りません
5. 部屋に入る → 部屋に入りません
6. 家に帰る → 家に帰りません
7. 運転ができる → 運転ができません
8. 声が聞こえる → 声が聞こえません
9. 掃除をする → 掃除をしません
10. 返事が来る → 返事が来ません

기초 어휘와 표현(CD에 녹음 된 네이티브 음성을 듣고 따라해 보세요)

形容詞とナ形容詞の過去形

◎ 例のように活用させてください。

例 大きい → 大きかったです
きれいだ → きれいでした

1 大きい → 大きかったです
2 長い → 長かったです
3 重い → 重かったです
4 静かだ → 静かでした
5 便利だ → 便利でした
6 暑い → 暑かったです
7 好きだ → 好きでした
8 大事だ → 大事でした
9 寒い → 寒かったです
10 大丈夫だ → 大丈夫でした
11 高い → 高かったです
12 低い → 低かったです
13 少ない → 少なかったです
14 簡単だ → 簡単でした
15 いい → よかったです
16 上手だ → 上手でした
17 強い → 強かったです
18 元気だ → 元気でした
19 遠い → 遠かったです
20 かわいそうだ → かわいそうでした

応用練習

1 教室はきれいだ → 教室はきれいでした
2 バスは不便だ → バスは不便でした
3 魚はきらいだ → 魚はきらいでした
4 カバンは重い → カバンは重かったです
5 去年は暑い → 去年は暑かったです
6 韓国の冬は寒い → 韓国の冬は寒かったです
7 テストは簡単だ → テストは簡単でした
8 山田さんは真面目だ → 山田さんは真面目でした
9 この本はいい → この本はよかったです
10 日本語が上手だ → 日本語が上手でした

動詞の過去形

◎ 例のように活用させてください。

例 話す → 話しました

1 行く → 行きました
2 泳ぐ → 泳ぎました
3 買う → 買いました
4 思う → 思いました
5 待つ → 待ちました
6 売る → 売りました
7 切る → 切りました
8 ある → ありました
9 わかる → わかりました
10 飲む → 飲みました
11 できる → できました
12 着る → 着ました
13 いる → いました
14 見る → 見ました
15 開ける → 開けました
16 勤める → 勤めました
17 教える → 教えました
18 変える → 変えました
19 する → しました
20 来る → 来ました

応用練習

1 友達と話す → 友達と話しました
2 手紙を書く → 手紙を書きました
3 電話を待つ → 電話を待ちました
4 東京に住む → 東京に住みました
5 医者になる → 医者になりました
6 答えがわかる → 答えがわかりました
7 ビルができる → ビルができました
8 ドアを閉める → ドアを閉めました
9 食事をする → 食事をしました
10 一緒に来る → 一緒に来ました

기초 어휘와 표현(CD에 녹음 된 네이티브 음성을 듣고 따라해 보세요)

形容詞の過去否定形

◎ 例のように活用させてください。

例 大きい → 大きくありませんでした
静かだ → 静かじゃありませんでした

1. 長い → 長くありませんでした
2. きれいだ → きれいじゃありませんでした
3. 小さい → 小さくありませんでした
4. きらいだ → きらいじゃありませんでした
5. 短い → 短くありませんでした
6. 不便だ → 不便じゃありませんでした
7. 軽い → 軽くありませんでした
8. 簡単だ → 簡単じゃありませんでした
9. 早い → 早くありませんでした
10. 駄目だ → 駄目じゃありませんでした
11. 遅い → 遅くありませんでした
12. 複雑だ → 複雑じゃありませんでした
13. 心配だ → 心配じゃありませんでした
14. 高い → 高くありませんでした
15. 上手だ → 上手じゃありませんでした
16. 少ない → 少なくありませんでした
17. 下手だ → 下手じゃありませんでした
18. いい → よくありませんでした
19. 親切だ → 親切じゃありませんでした
20. 大変だ → 大変じゃありませんでした

応用練習

1 テレビは大きい → テレビは大きくありませんでした
2 5月は寒い → 5月は寒くありませんでした
3 バスは便利だ → バスは便利じゃありませんでした
4 猫が好きだ → 猫が好きじゃありませんでした
5 学生は多い → 学生は多くありませんでした
6 このペンはいい → このペンはよくありませんでした
7 あの人は真面目だ → あの人は真面目じゃありませんでした
8 英語が上手だ → 英語が上手じゃありませんでした
9 あの人は強い → あの人は強くありませんでした
10 昨日は暇だ → 昨日は暇じゃありませんでした

動詞の過去否定形

◎ 例のように活用させてください。

例 話す → 話しませんでした

1 話す → 話しませんでした
2 行く → 行きませんでした
3 会う → 会いませんでした
4 思う → 思いませんでした
5 待つ → 待ちませんでした
6 売る → 売りませんでした
7 乗る → 乗りませんでした
8 切る → 切りませんでした
9 ある → ありませんでした
10 死ぬ → 死にませんでした
11 なる → なりませんでした
12 着る → 着ませんでした

기초 어휘와 표현(CD에 녹음 된 네이티브 음성을 듣고 따라해 보세요)

13 できる → できませんでした
14 開ける → 開けませんでした
15 寝る → 寝ませんでした
16 かける → かけませんでした
17 見える → 見えませんでした
18 聞こえる → 聞こえませんでした
19 する → しませんでした
20 来る → 来ませんでした

応用練習

1 学校へ行く → 学校へ行きませんでした
2 ラジオを買う → ラジオを買いませんでした
3 タクシーに乗る → タクシーに乗りませんでした
4 髪を切る → 髪を切りませんでした
5 部屋に入る → 部屋に入りませんでした
6 家に帰る → 家に帰りませんでした
7 英語を教える → 英語を教えませんでした
8 声が聞こえる → 声が聞こえませんでした
9 掃除をする → 掃除をしませんでした
10 返事が来る → 返事が来ませんでした

第３課　テ形

形容詞とナ形容詞のテ形

◎ 例のように活用させてください。

例 大きい → 大きくて
静かだ → 静かで

1	長い	→	長くて	11	真面目だ	→	真面目で
2	重い	→	重くて	12	多い	→	多くて
3	きれいだ	→	きれいで	13	悪い	→	悪くて
4	便利だ	→	便利で	14	心配だ	→	心配で
5	遅い	→	遅くて	15	暇だ	→	暇で
6	不便だ	→	不便で	16	強い	→	強くて
7	きらいだ	→	きらいで	17	いい	→	よくて
8	寒い	→	寒くて	18	近い	→	近くて
9	低い	→	低くて	19	遠い	→	遠くて
10	簡単だ	→	簡単で	20	かわいそうだ	→	かわいそうで

応用練習

◎ 例のように活用させてください。

例 この机は大きい・重い → この机は大きくて重いです

1. 田舎は静かだ・きれいだ → 田舎は静かできれいです
2. このラジオは軽い・いい → このラジオは軽くていいです
3. 韓国の冬は寒い・長い → 韓国の冬は寒くて長いです
4. 市役所は遠い・不便だ → 市役所は遠くて不便です
5. 学校は近い・便利だ → 学校は近くて便利です
6. 電車は便利だ・好きだ → 電車は便利で好きです
7. 山田さんは真面目だ・親切だ → 山田さんは真面目で親切です
8. 私は英語が下手だ・心配だ → 私は英語が下手で心配です
9. コンピューターは複雑だ・きらいだ → コンピューターは複雑できらいです
10. 仕事が少ない・暇だ → 仕事が少なくて暇です

기초 어휘와 표현(CD에 녹음 된 네이티브 음성을 듣고 따라해 보세요)

動詞のテ形

◎ 例のように活用させてください。

例 話す → 話して

1 行く → 行って
2 泳ぐ → 泳いで
3 買う → 買って
4 待つ → 待って
5 乗る → 乗って
6 書く → 書いて
7 わかる → わかって
8 ある → あって
9 住む → 住んで
10 帰る → 帰って
11 起きる → 起きて
12 いる → いて
13 見る → 見て
14 食べる → 食べて
15 できる → できて
16 教える → 教えて
17 変える → 変えて
18 かける → かけて
19 する → して
20 来る → 来て

応用練習

◎ 例のように活用させてください。

例 ちょっと教える → ちょっと教えてください

1 わたしに話す → わたしに話してください
2 手紙を書く → 手紙を書いてください
3 20分待つ → 20分待ってください
4 背広を着る → 背広を着てください
5 お酒を飲む → お酒を飲んでください
6 ここにいる → ここにいてください
7 もう少し考える → もう少し考えてください
8 パスポートを見せる → パスポートを見せてください
9 何回も練習する → 何回も練習してください
10 こちらへ来る → こちらへ来てください

第４課　形容詞の副詞形(ふくしけい)

◎ 例のように活用させてください。

例 大きい → 大きくなります
静かだ → 静かになります

1 大きい → 大きくなります
2 短い → 短くなります
3 きれいだ → きれいになります
4 重い → 重くなります
5 不便だ → 不便になります
6 きらいだ → きらいになります
7 暑い → 暑くなります
8 遅い → 遅くなります
9 簡単だ → 簡単になります
10 少ない → 少なくなります
11 悪い → 悪くなります
12 心配だ → 心配になります
13 下手だ → 下手になります
14 いい → よくなります
15 遠い → 遠くなります
16 親切だ → 親切になります
17 大事だ → 大事になります
18 小さい → 小さくなります
19 元気だ → 元気になります
20 かわいそうだ → かわいそうになります

応用練習

1 日が長い → 日が長くなります
2 荷物が重い → 荷物が重くなります
3 町が静かだ → 町が静かになります
4 生活が便利だ → 生活が便利になります
5 だんだん暑い → だんだん暑くなります
6 魚が好きだ → 魚が好きになります
7 物価が高い → 物価が高くなります
8 日本語が上手だ → 日本語が上手になります
9 宿題が多い → 宿題が多くなります
10 仕事が大変だ → 仕事が大変になります

기초 어휘와 표현(CD에 녹음 된 네이티브 음성을 듣고 따라해 보세요)

第５課　タ形

形容詞とナ形容詞のタ形

◎ 例のように活用させてください。

例 大きい → 大きかった
　 静かだ → 静かだった

1 小さい → 小さかった
2 短い → 短かった
3 静かだ → 静かだった
4 便利だ → 便利だった
5 重い → 重かった
6 好きだ → 好きだった
7 軽い → 軽かった
8 暑い → 暑かった
9 大丈夫だ → 大丈夫だった
10 早い → 早かった
11 簡単だ → 簡単だった
12 低い → 低かった
13 多い → 多かった
14 真面目だ → 真面目だった
15 心配だ → 心配だった
16 少ない → 少なかった
17 駄目だ → 駄目だった
18 いい → よかった
19 親切だ → 親切だった
20 近い → 近かった

応用練習

1 服が小さい → 服が小さかった
2 時間が長い → 時間が長かった
3 夜は静かだ → 夜は静かだった
4 交通は不便だ → 交通は不便だった
5 野菜はきらいだ → 野菜はきらいだった
6 背が低い → 背が低かった
7 試験は簡単だ → 試験は簡単だった
8 本は少ない → 本は少なかった
9 目が悪い → 目が悪かった
10 勉強は大変だ → 勉強は大変だった

動詞のタ形

◎ 例のように活用させてください。

例 話す → 話した

1 話す → 話した
2 行く → 行った
3 書く → 書いた
4 思う → 思った
5 待つ → 待った
6 泳ぐ → 泳いだ
7 乗る → 乗った
8 遊ぶ → 遊んだ
9 ある → あった
10 死ぬ → 死んだ
11 なる → なった
12 着る → 着た
13 降りる → 降りた
14 開ける → 開けた
15 寝る → 寝た
16 かける → かけた
17 見える → 見えた
18 聞こえる → 聞こえた
19 する → した
20 来る → 来た

応用練習

1 日本に行く → 日本に行った
2 友達に会う → 友達に会った
3 30分待つ → 30分待った
4 ビールを飲む → ビールを飲んだ
5 国に帰る → 国に帰った
6 髪を切る → 髪を切った
7 友達ができる → 友達ができた
8 背広を着る → 背広を着た
9 ボーリングをする → ボーリングをした
10 友達が来る → 友達が来た

기초 어휘와 표현(CD에 녹음 된 네이티브 음성을 듣고 따라해 보세요)

第６課　ナイ形

形容詞とナ形容詞のナイ形

◎ 例のように活用させてください。

例 大きい → 大きくない
静かだ → 静かじゃない

1. 小さい → 小さくない
2. 短い → 短くない
3. 静かだ → 静かじゃない
4. 便利だ → 便利じゃない
5. 重い → 重くない
6. 好きだ → 好きじゃない
7. 軽い → 軽くない
8. 暑い → 暑くない
9. 大丈夫だ → 大丈夫じゃない
10. 早い → 早くない
11. 簡単だ → 簡単じゃない
12. 低い → 低くない
13. 多い → 多くない
14. 真面目だ → 真面目じゃない
15. 心配だ → 心配じゃない
16. 少ない → 少なくない
17. 駄目だ → 駄目じゃない
18. いい → よくない
19. 親切だ → 親切じゃない
20. 近い → 近くない

応用練習

1. 服が小さい → 服が小さくない
2. 時間が長い → 時間が長くない
3. 夜は静かだ → 夜は静かじゃない
4. 交通は不便だ → 交通は不便じゃない
5. 野菜はきらいだ → 野菜はきらいじゃない
6. 背が低い → 背が低くない
7. 試験は簡単だ → 試験は簡単じゃない
8. 本は少ない → 本は少なくない
9. 目が悪い → 目が悪くない
10. 勉強は大変だ → 勉強は大変じゃない

動詞のナイ形

◎ 例のように活用させてください。

例 話す → 話さない

1 泳ぐ → 泳がない
2 行く → 行かない
3 会う → 会わない
4 書く → 書かない
5 待つ → 待たない
6 売る → 売らない
7 飲む → 飲まない
8 切る → 切らない
9 ある → ない
10 死ぬ → 死なない
11 なる → ならない
12 着る → 着ない
13 降りる → 降りない
14 開ける → 開けない
15 できる → できない
16 かける → かけない
17 見える → 見えない
18 聞こえる → 聞こえない
19 する → しない
20 来る → 来ない

応用練習

1 山へ行く → 山へ行かない
2 手紙を書く → 手紙を書かない
3 友達に会う → 友達に会わない
4 本を買う → 本を買わない
5 お金がある → お金がない
6 髪を切る → 髪を切らない
7 家へ帰る → 家へ帰らない
8 背広を着る → 背広を着ない
9 犬がいる → 犬がいない
10 勉強をする → 勉強をしない

기초 어휘와 표현(CD에 녹음 된 네이티브 음성을 듣고 따라해 보세요)

形容詞とナ形容詞のナイ形(過去)

◎ 例のように活用させてください。

例 大きい → 大きくなかった
静かだ → 静かじゃなかった

1 小さい → 小さくなかった
2 短い → 短くなかった
3 静かだ → 静かじゃなかった
4 便利だ → 便利じゃなかった
5 重い → 重くなかった
6 好きだ → 好きじゃなかった
7 軽い → 軽くなかった
8 暑い → 暑くなかった
9 大丈夫だ → 大丈夫じゃなかった
10 早い → 早くなかった
11 簡単だ → 簡単じゃなかった
12 低い → 低くなかった
13 多い → 多くなかった
14 真面目だ → 真面目じゃなかった
15 心配だ → 心配じゃなかった
16 少ない → 少なくなかった
17 駄目だ → 駄目じゃなかった
18 いい → よくなかった
19 親切だ → 親切じゃなかった
20 近い → 近くなかった

応用練習

1 服が小さい → 服が小さくなかった
2 時間が長い → 時間が長くなかった
3 夜は静かだ → 夜は静かじゃなかった
4 交通は不便だ → 交通は不便じゃなかった
5 野菜はきらいだ → 野菜はきらいじゃなかった
6 背が低い → 背が低くなかった
7 試験は簡単だ → 試験は簡単じゃなかった
8 本は少なかった → 本は少なくなかった
9 目が悪い → 目が悪くなかった
10 勉強は大変だ → 勉強は大変じゃなかった

動詞のナイ形(過去)

◎ 例のように活用させてください。

例 話す → 話さなかった

1 泳ぐ → 泳がなかった
2 行く → 行かなかった
3 会う → 会わなかった
4 書く → 書かなかった
5 待つ → 待たなかった
6 売る → 売らなかった
7 飲む → 飲まなかった
8 切る → 切らなかった
9 ある → なかった
10 死ぬ → 死ななかった
11 なる → ならなかった
12 着る → 着なかった
13 降りる → 降りなかった
14 できる → できなかった
15 寝る → 寝なかった
16 かける → かけなかった
17 見える → 見えなかった
18 聞こえる → 聞こえなかった
19 する → しなかった
20 来る → 来なかった

応用練習

1 山へ行く → 山へ行かなかった
2 手紙を書く → 手紙を書かなかった
3 友達に会う → 友達に会わなかった
4 本を買う → 本を買わなかった
5 お金がある → お金がなかった
6 髪を切る → 髪を切らなかった
7 家へ帰る → 家へ帰らなかった
8 背広を着る → 背広を着なかった
9 犬がいる → 犬がいなかった
10 勉強をする → 勉強をしなかった

기초 어휘와 표현(CD에 녹음 된 네이티브 음성을 듣고 따라해 보세요)

第７課　動詞の可能形（かのうけい）

動詞の可能形

◎ 例のように活用させてください。

例 話す → 話せる

1 行く → 行ける
2 書く → 書ける
3 泳ぐ → 泳げる
4 会う → 会える
5 待つ → 待てる
6 売る → 売れる
7 切る → 切れる
8 飲む → 飲める
9 遊ぶ → 遊べる
10 帰る → 帰れる
11 なる → なれる
12 起きる → 起きられる
13 着る → 着られる
14 いる → いられる
15 食べる → 食べられる
16 教える → 教えられる
17 変える → 変えられる
18 考える → 考えられる
19 する → できる
20 来る → 来られる

応用練習

1 一人で行く → 一人で行ける
2 漢字を書く → 漢字を書ける
3 100メートル泳ぐ → 100メートル泳げる
4 1時間待つ → 1時間待てる
5 船に乗る → 船に乗れる
6 朝早く起きる → 朝早く起きられる
7 全部食べる → 全部食べられる
8 英語を教える → 英語が教えられる
9 運転する → 運転できる
10 今日来る → 今日来られる

第８課　時間・日付・助数詞

時間 ①

◎ 例のように言ってください。

例 1 → いちじ

1	1	→	いちじ
2	2	→	にじ
3	3	→	さんじ
4	4	→	よじ
5	5	→	ごじ
6	6	→	ろくじ
7	7	→	しちじ
8	8	→	はちじ
9	9	→	くじ
10	10	→	じゅうじ
11	11	→	じゅういちじ
12	12	→	じゅうにじ

時間 ②

◎ 例のように言ってください。

例 1 → いっぷん

1	1	→	いっぷん
2	2	→	にふん
3	3	→	さんぷん
4	4	→	よんぷん
5	5	→	ごふん
6	6	→	ろっぷん
7	7	→	ななふん
8	8	→	はっぷん/はちふん
9	9	→	きゅうふん
10	10	→	じゅっぷん
11	20	→	にじゅっぷん
12	30	→	さんじゅっぷん
13	40	→	よんじゅっぷん
14	50	→	ごじゅっぷん

기초 어휘와 표현(CD에 녹음 된 네이티브 음성을 듣고 따라해 보세요)

応用練習

◎ 例のように言ってください。

例 1：20	→	いちじにじゅっぷん

1. 2：35　→　にじさんじゅうごふん
2. 12：10　→　じゅうにじじゅっぷん
3. 3：30　→　さんじさんじゅっぷん
4. 5：15　→　ごじじゅうごふん
5. 7：23　→　しちじにじゅうさんぷん
6. 11：04　→　じゅういちじよんぷん
7. 4：05　→　よじごふん
8. 2：55　→　にじごじゅうごふん
9. 11：37　→　じゅういちさんじゅうななふん
10. 6：09　→　ろくじきゅうふん

日付 ①

◎ 例のように言ってください。

例 1	→	いちがつ

1. 1　→　いちがつ
2. 2　→　にがつ
3. 3　→　さんがつ
4. 4　→　しがつ
5. 5　→　ごがつ
6. 6　→　ろくがつ
7. 7　→　しちがつ
8. 8　→　はちがつ
9. 9　→　くがつ
10. 10　→　じゅうがつ
11. 11　→　じゅういちがつ
12. 12　→　じゅうにがつ

日付 ②

◎ 例のように言ってください。

例 1 → ついたち

1	1	→	ついたち
2	2	→	ふつか
3	3	→	みっか
4	4	→	よっか
5	5	→	いつか
6	6	→	むいか
7	7	→	なのか
8	8	→	ようか
9	9	→	ここのか
10	10	→	とおか
11	11	→	じゅういちにち
12	12	→	じゅうににち
13	13	→	じゅうさんにち
14	14	→	じゅうよっか
15	15	→	じゅうごにち
16	16	→	じゅうろくにち
17	17	→	じゅうしちにち
18	18	→	じゅうはちにち
19	19	→	じゅうくにち
20	20	→	はつか
21	21	→	にじゅういちにち
22	22	→	にじゅうににち
23	23	→	にじゅうさんにち
24	24	→	にじゅうよっか
25	25	→	にじゅうごにち
26	26	→	にじゅうろくにち
27	27	→	にじゅうしちにち
28	28	→	にじゅうはちにち
29	29	→	にじゅうくにち
30	30	→	さんじゅうにち

応用練習

1	10 . 10	→	じゅうがつとおか
2	5 . 5	→	ごがついつか
3	4 . 29	→	しがつにじゅうくにち
4	2 . 3	→	にがつみっか
5	12 . 7	→	じゅっにがつなのか
6	1 . 20	→	いちがつはつか
7	9 . 14	→	くがつじゅうよっか

기초 어휘와 표현(CD에 녹음 된 네이티브 음성을 듣고 따라해 보세요)

8 12 . 19 → じゅうにがつじゅうくにち
9 8 . 9 → はちがつここのか
10 3 . 8 → さんがつようか

助数詞 ①

◎ 例のように言ってください。

例 1 → いっぽん

1 1 → いっぽん
2 2 → にほん
3 3 → さんぼん
4 4 → よんほん
5 5 → ごほん
6 6 → ろっぽん
7 7 → ななほん
8 8 → はっぽん
9 11 → きゅうほん
10 10 → じゅっぽん
11 何 → なんぼん

助数詞 ②

◎ 例のように言ってください。

例 1 → いちまい

1 1 → いちまい
2 2 → にまい
3 3 → さんまい
4 4 → よんまい
5 5 → ごまい
6 6 → ろくまい
7 7 → ななまい
8 8 → はちまい
9 9 → きゅうまい
10 10 → じゅうまい
11 何 → なんまい

助数詞 ③

◎ 例のように言ってください。

例 1 → いちだい

1 1 → いちだい
2 2 → にだい
3 3 → さんだい
4 4 → よんだい
5 5 → ごだい
6 6 → ろくだい
7 7 → ななだい
8 8 → はちだい
9 9 → きゅうだい
10 10 → じゅうだい
11 何 → なんだい

助数詞 ④

◎ 例のように言ってください。

例 1 → ひとつ

1 1 → ひとつ
2 2 → ふたつ
3 3 → みっつ
4 4 → よっつ
5 5 → いつつ
6 6 → むっつ
7 7 → ななつ
8 8 → やっつ
9 9 → ここのつ
10 10 → とお
11 何 → いくつ

기초 어휘와 표현(CD에 녹음 된 네이티브 음성을 듣고 따라해 보세요)

助数詞 ⑤

◎ 例のように言ってください。

例 1 → いっさつ

1. 1 → いっさつ
2. 2 → にさつ
3. 3 → さんさつ
4. 4 → よんさつ
5. 5 → ごさつ
6. 6 → ろくさつ
7. 7 → ななさつ
8. 8 → はっさつ
9. 9 → きゅうさつ
10. 10 → じゅっさつ
11. 何 → なんさつ

助数詞 ⑥

◎ 例のように言ってください。

例 1 → いっぱい

1. 1 → いっぱい
2. 2 → にはい
3. 3 → さんばい
4. 4 → よんはい
5. 5 → ごはい
6. 6 → ろっぱい
7. 7 → ななはい
8. 8 → はっぱい
9. 9 → きゅうはい
10. 10 → じゅっぱい
11. 何 → なんばい

회화 연습 모범답안

회화 연습 모범답안

Unit 1

1 いいえ、金さんは(会社員じゃありません)軍人です。

2 いいえ、釜山は(特別市じゃありません)広域市です。

3 いいえ、今日は(月曜日じゃありません)火曜日です。

4 いいえ、昨日は(祝日じゃありません)平日でした。

5 いいえ、先生は(男の人じゃありませんでした)女の人でした。

6 いいえ、昨日は(晴れじゃありませんでした)雨でした。

7 いいえ、一昨日は(14日じゃありませんでした)15日でした。

Unit 2

1 あれは63ビルです。

2 これはノートパソコンです。

3 これは日本の雑誌です。

4 それは音楽(おんがく)のシーディーです。

5 (ノートパソコンの説明書は)これです。

6 (テレビの保証書は)それです。

7 (マンションの契約書は)あれです。

Unit 3

○

1 (日本語(にほんご)の先生(せんせい)は)あの方です。

2 (ソウル商事(しょうじ)の課長(かちょう)は)その方です。

3 (あの人は)わたしの弟(おとうと)です。

4 (あの方は)ソウル商事(しょうじ)の社長(しゃちょう)です。

5 (日本語の先生は)田中さんです。

○

1 母(はは)

2 祖母(そぼ)

3 (伯)叔母(おば)

4 姪(めい)

5 従姉妹(いとこ)

6 お父(とう)さん

7 お祖父(じい)さん

8 (伯)叔父(おじ)さん

9 甥御(おいご)さん

10 お従兄弟(いとこ)さん

11 お兄(にい)さん

12 姉(あね)

13 妹(いもうと)

14 娘(むすめ)

15 嫁(よめ)

16 弟(おとうと)さん

17 息子(むすこ)さん

18 お孫(まご)さん

19 奥(おく)さん

회화 연습 모범답안

Unit 4

1 いいえ、(面白くありません。)つまらないです。

2 いいえ、(寒くありません。)暖かいです。

3 いいえ、(黒くありません。)赤いです。

4 いいえ、(涼しくありませんでした。)暑かったです。

5 いいえ、(おいしくありませんでした。)まずかったです。

6 楽しかったです。

7 広かったです。

Unit 5

1 いいえ、(真面目じゃありません。)不真面目です。

2 いいえ、(便利じゃありません。)不便です。

3 いいえ、(きれいじゃありません。)汚いです。

4 いいえ、(上手じゃありません。)下手です。

5 いいえ、(簡単じゃありませんでした。)難しかったです。

6 いいえ、(親切じゃありませんでした。)不親切でした。

7 いいえ、(にぎやかじゃありませんでした。)静かでした。

Unit 6

1 広くて便利な部屋です。

2 小さくて軽いラジオです。

3 真面目でやさしい人でした。

4 人が多くてにぎやかです。

5 高くておいしくなかったです。

6 退屈でつまらなかったです。

7 難しくて大変でした。

Unit 7

1 弟は19歳で、大学生です。

2 金さんは韓国人で、王さんは中国人です。

3 朝ご飯はパンで、昼ご飯はラーメンでした。

4 あれは日本製ですが、それは日本製じゃありません。

5 一昨日は雨でしたが、昨日は雨じゃありませんでした。

6 昨日の朝ご飯はパンでしたが、今日の朝ご飯はパンじゃありませんでした。

Unit 8

1 (牛乳は)冷蔵庫の中にあります。

2 (車は)家の前の駐車場にあります。

3 (コンタクトレンズは)洗面台の上にありました。

4 (傘は)電車の網棚の上にありました。

5 (カバンの中には)教科書とノートがあります。

6 (駅の前には)銀行と郵便局と病院があります。

7 (机の引き出しの中には)文房具と印鑑がありました。

회화 연습 모범답안

Unit 9

1. (弟は)日本にいます。
2. (先生は)教務室にいらっしゃいます。
3. 迷子センターにいました。
4. (今、家には)兄がいます。
5. はい、(今、家には)弟がいます。
6. (教室には)学生がいました。
7. いいえ、(教室には)誰もいませんでした。

Unit 10

	基本形	～ます	～ません	～ました	～ませんでした
1	会う	会います	会いません	会いました	会いませんでした
1	書く	書きます	書きません	書きました	書きませんでした
1	脱ぐ	脱ぎます	脱ぎません	脱ぎました	脱ぎませんでした
1	話す	話します	話しません	話しました	話しませんでした
1	立つ	立ちます	立ちません	立ちました	立ちませんでした
1	死ぬ	死にます	死にません	死にました	死にませんでした
1	遊ぶ	遊びます	遊びません	遊びました	遊びませんでした
1	飲む	飲みます	飲みません	飲みました	飲みませんでした
1	帰る	帰ります	帰りません	帰りました	帰りませんでした
2	見る	見ます	見ません	見ました	見ませんでした
2	着る	着ます	着ません	着ました	着ませんでした
2	起きる	起きます	起きません	起きました	起きませんでした
2	食べる	食べます	食べません	食べました	食べませんでした

2	考(かんが)える	考えます	考えません	考えました	考えませんでした
2	調(しら)べる	調べます	調べません	調べました	調べませんでした
3	来(く)る	来ます	来ません	来ました	来ませんでした
3	する	します	しません	しました	しませんでした

Unit 11

1. はい、たまに見【み】ます。
2. いいえ、あまり読【よ】みません。
3. はい、いつも作【つく】ります。
4. はい、たいていします。
5. いいえ、全然【ぜんぜん】吸【す】いませんでした。
6. いいえ、ほとんどしませんでした。
7. いいえ、あまりしませんでした。

Unit 12

1. 不動産屋【ふどうさんや】へ行【い】きます。
2. いいえ、帰【かえ】りませんでした。
3. 一週間前【いっしゅうかんまえ】に来【き】ました。
4. (日本で)デザインの勉強【べんきょう】をします。
5. 屋台【やたい】で(お酒【さけ】を)飲【の】みます。
6. 社員食堂【しゃいんしょくどう】で(お昼【ひる】ご飯【はん】を)食【た】べました。
7. いいえ、大学【だいがく】で(日本語【にほんご】)を勉強【べんきょう】しました。

회화 연습 모범답안

Unit 13

1. 中国人のペンフレンドに(手紙を)書きます。
2. (車の修理は)マンションの近くの整備工場に頼みました。
3. いいえ、手で書きました。
4. (ここまで)友達の車で来ました。
5. 一年前に(日本語の勉強を)始めました 。
6. いつも6時頃(に)起きます。
7. いいえ、(昨日は)10時に帰りました。

Unit 14

1. わたしは数学がきらいです。
2. わたしはスキーが上手です。
3. わたしは今、自由な時間が必要です。
4. わたしは車の運転が苦手です。
5. わたしは料理が得意です。
6. わたしはドイツ語ができます。
7. わたしは今、新しい鞄がほしいです。

Unit 15

1. そうですね、お茶でもいれましょうか。
2. そうですね、テレビでも見ましょうか。
3. そうですね、ラジオでもつけましょうか。
4. そうですね、タバコでも吸いましょうか。

5 これは吉田(よしだ)さんの車(くるま)じゃありませんか。

6 歴史(れきし)の試験(しけん)は明日(あした)じゃありませんか。

Unit 16

○

ある	あって	吸(す)う	吸って	切(き)る	切って
いる	いて	脱(ぬ)ぐ	脱いで	来(く)る	来て
起(お)きる	起きて	勉強(べんきょう)する	勉強して	帰(かえ)る	帰って
食(た)べる	食べて	泳(およ)ぐ	泳いで	押(お)す	押して
飲(の)む	飲んで	忘(わす)れる	忘れて	死(し)ぬ	死んで
呼(よ)ぶ	呼んで	寝(ね)る	寝て	立(た)つ	立って

○

1 本(ほん)を読(よ)んでください。

2 手紙(てがみ)を書(か)いてください。

3 漢字(かんじ)を練習(れんしゅう)してください。

4 テープを聞(き)いてください。

5 学校(がっこう)へ行(い)ってください。

6 6時(じ)に起(お)きてください。

7 薬(くすり)を飲(の)んでください。

8 勉強(べんきょう)をしてください。

9 荷物(にもつ)を持(も)ってください。

10 家(いえ)に来(き)てください。

11 お金(かね)を貸(か)してください。

12 野菜(やさい)を食(た)べてください。

회화 연습 모범답안

Unit 17

1 はい、(ここに駐車しても)いいです。

2 いいえ、(部屋で料理をしては)いけません。

3 はい、(コピーを取っても)いいです。

4 いいえ、(ここに座っては)いけません。

5 はい、(辞書を引いても)いいです。

6 いいえ、(ボールペンで書いては)いけません。

7 はい、(あの人に教えても)いいです。

Unit 18

1 はい、とても暑くなりました。

2 はい、だんだん難しくなります。

3 いいえ、少しも安くなりませんでした。

4 かなり便利になりました。

5 ずいぶん寒くなりました(ね)。

6 前よりよくなりました。

7 いいえ、全然上手になりません。

Unit 19

1 までに

2 までに

3 までに

4 まで

5 までに

6 までに

7 まで

Unit 20

1 ヒーターをつけて暖くしましょう。

2 ええ、完全に覚えてください。

3 きれいに見えます。

4 もっと軽くしてください。

5 もっと簡単にしましょう。

6 もっと丁寧に書いてください。

7 もっと安くしてください。

동양북스 분야별 추천 교재

문법

일본어뱅크 New 스타일
일본어 문법

뱅크 일본어 문법

관광 · 비즈니스

일본어뱅크 New 스타일
관광일본어 1 · 2

일본어뱅크 New 스타일
비즈니스 일본어
1 · 2

한자

일본어뱅크 New 스타일
일본어 한자 1 · 2

일본어 상용한자 2136
이거하나면 끝!

작문

일본어뱅크
일본어 작문 초급

일본문화

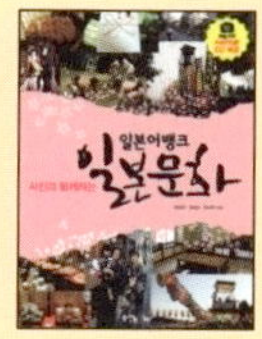

일본어뱅크
사진과 함께하는
일본 문화

청해

일본어뱅크 New스타일
일본어청해

독해

일본어뱅크 New스타일
일본어 독해 1 · 2

주니어

다이스키 주니어
일본어 上 · 下

e-필드 일본어
기초 · 초급 · 중급 ·
고급회화

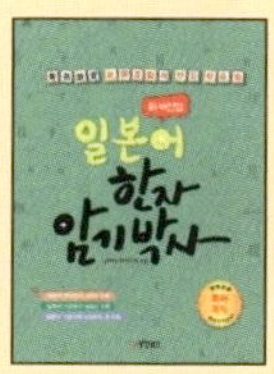

新버전업 일본어
한자 암기박사

프리토킹

버전업! 동양북스
일본어 프리토킹 입문

일본어뱅크
독해 1 · 2 · 3

주니어
일본어 붐붐

항공

일본어뱅크
항공서비스 일본어

일본어 한자 터잡기
입문편 / 초중급편

펜맨십

일본어뱅크
펜맨십

일본어 독해가 즐거워지는
일본전래동화 / 세계명작동화 /
한국전래동화 / 이솝우화

동양북스 단계별 추천 교재

	도모다찌 일본어	감바레 일본어	New 스타일 일본어	다이스키 일본어
입문 과정	 일본어뱅크 도모다찌 STEP 1	 일본어뱅크 감바레 일본어 STEP 1	 일본어뱅크 New 스타일 일본어 1	 일본어뱅크 다이스키 STEP 1 · 2  일본어뱅크 다이스키 上
초급 과정	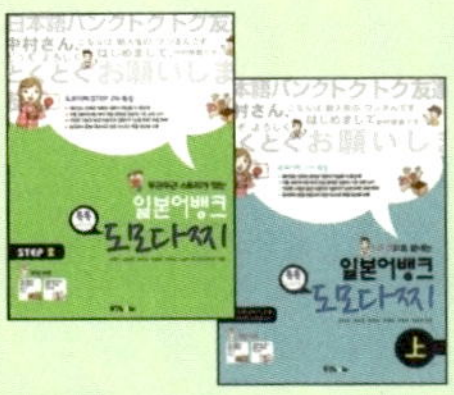 일본어뱅크 도모다찌 STEP 2 일본어뱅크 도모다찌 上	 일본어뱅크 감바레 일본어 STEP 2	 일본어뱅크 New 스타일 일본어 2	 일본어뱅크 다이스키 STEP 3 · 4  일본어뱅크 다이스키 下
초·중급 과정	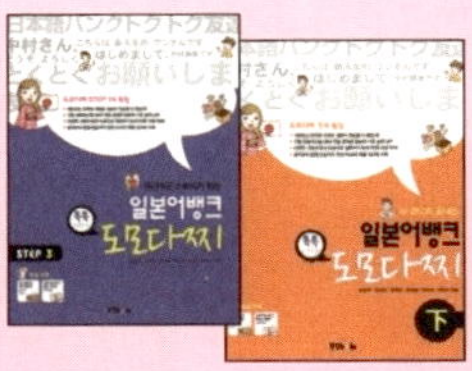 일본어뱅크 도모다찌 STEP 3 일본어뱅크 도모다찌 下	 일본어뱅크 감바레 일본어 STEP 3	 일본어뱅크 New 스타일 일본어회화 1 · 2 · 3	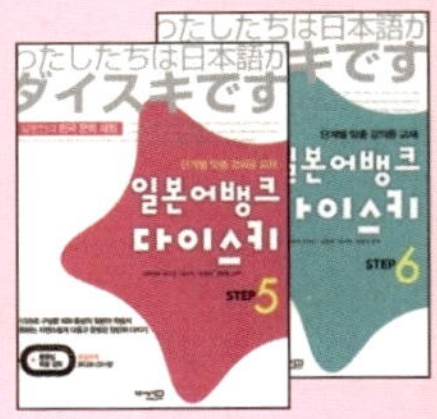 일본어뱅크 다이스키 STEP 5 · 6
중·고급 과정			 일본어뱅크 New 스타일 비즈니스 일본어 1 · 2	 일본어뱅크 다이스키 STEP 7 · 8

오픈 일본어

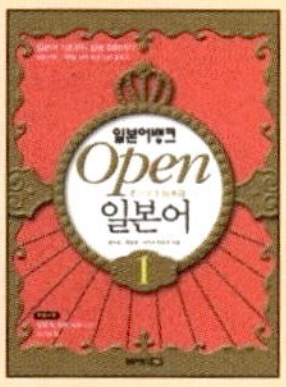

일본어뱅크
Open 일본어 1

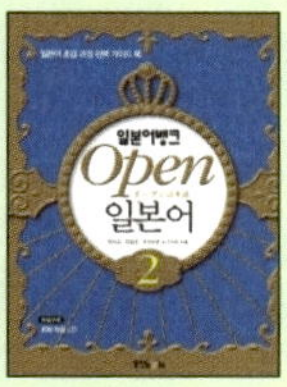

일본어뱅크
Open 일본어 2

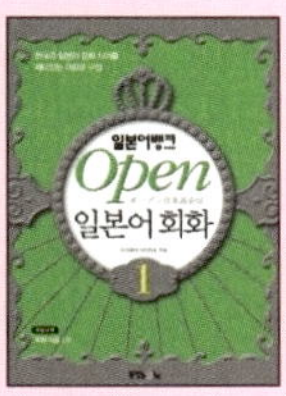

일본어뱅크
pen 일본어 회화 1

일본어뱅크
pen 일본어 회화 2

New 뱅크 일본어

New 뱅크 일본어
STEP 1

New 뱅크 일본어
STEP 2

New 뱅크 일본어
STEP 3 · 4

New 뱅크 일본어
중급 1 · 2

아나타노 일본어

아나타노 일본어 1

아나타노 일본어 2

New Point 일본어

일본어뱅크 New Point
일본어 1
(개정판)

일본어뱅크 New Point
일본어 2
(근간)

착착 일본어

일본어뱅크 착착 일본어
STEP 1

일본어뱅크 착착 일본어
STEP 2

중급 회화

일본어 회화
중상급 뛰어넘기

뉴 일본어뱅크
프리토킹 BASIC

뉴 일본어뱅크 프리토킹
STYLE 1 · 2